Verlag der Buchhandlung Walther und Franz König, Köln

# VORWORT

# FOREWORD

Die Neue Sammlung gilt weltweit als ältestes Museum für Design und zählt mit über 20 Sammlungsgebieten international auch zu den inhaltlich am breitesten gefächerten Designmuseen.

In den letzten Jahren sind die Themen Robotik und KI immer wichtiger für unser Haus geworden, denn diese Bereiche prägen zunehmend Gesellschaft und soziales Leben und beeinflussen unsere gestaltete Umwelt. Die aktuelle Bedeutung von Design liegt vor allem auch in der Gestaltung von robotischen und KI gesteuerten Prozessen und ihren Produkten.

Die Robotik entwickelt sich dank KI rasant weiter zu autonomen Systemen. So arbeiten kollaborative Roboter (Cobots) mit Menschen zusammen, mobile Roboter navigieren eigenständig oder humanoide Maschinen handeln und sprechen.

Gerade die humanoiden Roboter zählen zu den größten Zukunftstechnologien. Es gibt die Schätzung, dass bis 2030 etwa 20 Millionen humanoide Roboter in Industrie, Pflege, Service und Bildung im Einsatz sein könnten.

Aktuell stehen die Entwicklungen von Robotik und KI an einem Wendepunkt. Die grundsätzlichen Fragen nach Kontrolle, Verantwortung, Nachhaltigkeit und Ethik werden immer drängender. Es wird immer um die Pole Hilfestellung oder Bedrohung gehen.

Wie werden diese Zukunftstechnologien gestaltet, angewendet und rezipiert? Wie werden sie zunehmend unseren Alltag, unser Leben, unsere Freizeit und Arbeit bestimmen?

Die Ausstellung „Robotic Worlds“ steht im Kontext dieser Themen. Sie präsentiert Meilensteine der Roboterentwicklung aus der eigenen Sammlung sowie humanoide Roboter dank der spektakulären Leihgaben des Lehrstuhls für Kognitive Systeme der Technischen Universität München. So werden unterschiedliche Einsatzgebiete der Robotik gezeigt wie Haushalt, Industrie, Rettungswesen, Kommunikation, Medizin und Pflege sowie Forschung und Bildung.

Die Roboter- und Raumfahrt-Spielfiguren aus den 1960er- bis 1980er-Jahren aus der ehemaligen Sammlung des Kunstsammlers und Galeristen Carl Laszlo und späteren Sammlung Silard Isaak/Pavel B. Jiracek spiegeln die Weltraum- und Technikbegeisterung ihrer Zeit sowie ihren fantasievollen Reichtum von Formen und Farben. Die bildliche Vorstellung von Robotern in unterschiedlichen Zeiten wird auch durch Plakate illustriert, die die Ausstellung ergänzen.

Sehr herzlich möchte ich Prof. Gordon Cheng danken für die wunderbare Kooperation bei dieser Ausstellung und die durch ihn möglich gewordenen Leihgaben. Katharina Stadler danke ich für ihre technische Beratung. Ein großer Dank geht an die Kuratorin Dr. Caroline Fuchs und alle Mitarbeiter*innen der Neuen Sammlung, die dieses Projekt unterstützt haben.

Die konzise Ausstellungsarchitektur einer Roboter-Fertigungsstraße hat das Münchner Designbüro OHA (Office Heinzelman Ayadi) entwickelt. Hierfür sagen wir großen Dank, ebenso an das Grafikbüro Selitsch Weig für die attraktive Gestaltung der Publikation. Wir freuen uns, dass die Publikation erneut im Verlag der Buchhandlung Walther und Franz König erscheint und danken für die gute Zusammenarbeit.

Sehr herzlich danken wir PIN. Freunde der Pinakothek der Moderne und Allianz für ihre großzügige Unterstützung der Ausstellung. Angelika Nollert

*Die Neue Sammlung is considered the world's oldest design museum and with collections covering over 20 distinct areas is also one of the international design museums that offers the widest range of content.*

*In recent years, the topics of robotics and AI have become ever more important for the museum because these areas are increasingly shaping society and social life, and thus influencing our designed environment. The current significance of design primarily derives, however, from the design of robotic and AI-controlled processes and the related products.*

*Thanks to AI, robotics is developing rapidly into a matter of autonomous systems. For example, collaborative robots (Cobots) work together with humans, mobile robots navigate independently, and humanoid machines act and speak.*

*Precisely humanoid robots are among the crucial technologies of tomorrow. One estimate suggests that by 2030 about 20 million humanoid robots may be in use in industry, care, services, and education.*

*The development of robotics and AI has reached a turning point. We must ever more urgently find answers to the fundamental issues of control, responsibility, sustainability, and ethics. The debate will always take place between the twin poles of whether a robot provided help or poses a threat.*

*How will these technologies of tomorrow be designed, used, and received? How will they increasingly shape our everyday world, our lives, our leisure time, and our work?*

*These themes form the context of the "Robotic Worlds" exhibition. It presents milestones in robot development with examples from our own collection and spectacular humanoid robots on loan to us from the Institute for Cognitive Systems at the Technical University of Munich. The exhibition can as a result present different areas in which robots are deployed, such as in the household, industry, emergency services, communications, medicine, and care, as well as for research and education.*

*The robot and space travel toys from the 1960s to the 1980s were part of the former collection of art dealer and gallerist Carl Laszlo and the later collection of Silard Isaak & Pavel Jiracek. They reflect the enthusiasm in their day for outer space and technology and stand out for their imaginative wealth of shapes and colors. Posters in the show highlight the images people had of robots at various points in time.*

*I would like to thank Prof. Gordon Cheng most cordially for the marvelous collaboration on this exhibition project and the loans he has so kindly made possible. I am most grateful to Katharina Stadler for her technical advice and to our curator Dr. Caroline Fuchs and all the Die Neue Sammlung staff members who have supported this project.*

*The concise exhibition architecture featuring a robot production line was ably created by Munich's design studio OHA (Office Heinzelman Ayadi), whom we would like to thank, just as we would like to express our gratitude to Grafikbüro Selitsch Weig for the design of the exhibition publication. We are delighted that the publication is once again appearing in Verlag der Buchhandlung Walther und Franz König whom we would like to thank for their great collaboration.*

*We are deeply grateful to PIN.Freunde der Pinakothek der Moderne and Allianz Partner for their generous support for the exhibition.* Angelika Nollert

ROBOTER

ROBOTS

Das Wort *Roboter* wurde 1921 von dem tschechischen Schriftsteller Karel Čapek geprägt. In seinem Drama *R.U.R.* stellt ein Unternehmen künstliche Menschen her, die als billige Arbeitskraft missbraucht werden und sich am Ende gegen die sie knechtende Menschheit wenden. Die Idee einer lebendigen Maschine, die dem Menschen als Helfer zur Seite steht, ist jedoch schon mindestens seit der Antike präsent. 2008 prophezeite Bill Gates, dass ein Roboter bald Teil jedes Haushalts sein werde.[1] Was vielen von uns vor nicht einmal 20 Jahren noch utopisch vorkam, ist inzwischen zumindest in den Ländern des globalen Nordens nicht mehr weit entfernt. Roboter arbeiten in unseren Fabriken, mähen unseren Rasen, saugen unsere Wohnung und sind dabei, eine Vielzahl weiterer Aufgaben zu übernehmen, sei es im Gesundheitswesen, der Rettung, der Bildung oder als soziale Begleiter unseres Alltags.

So unterschiedlich die Anwendungsbereiche sind, so wiederkehrend sind gleichzeitig die Gestaltungsprinzipien, denen Roboter folgen. Grob lassen sie sich in drei Kategorien einteilen: Humanoide, die in ihrer Form dem Menschen ähneln, zoomorphe, die nach dem Vorbild von Tieren entworfen wurden, und Roboter, die auch in ihrer Gestaltung Maschinen nachempfunden sind. Die folgenden Roboter aus den Beständen der Neuen Sammlung und des Lehrstuhls für Kognitive Systeme der Technischen Universität München sollen exemplarisch die Vielfalt an Robotern der letzten ca. 25 Jahre aufzeigen. Dabei lassen sich nicht immer die gleichen Funktionen der gleichen Kategorie von Erscheinungsbildern zuordnen.

Roboter, die den Menschen begleiten sollen, können beispielsweise sowohl tierische als auch menschliche Form annehmen, je nachdem, welche Funktionalität des Geräts betont werden soll. So hat *Pepper*, dessen wesentliche Funktion es ist, menschliche Emotionen über Mimik und Gestik zu erkennen und entsprechend darauf zu reagieren, eine humanoide Gestalt und wurde in der Pflege als kommunikativer Roboter-Gefährte eingesetzt. Der Roboterhund *aibo* imitiert hingegen die Form und das Verhalten eines Hundes. Auch er soll dem Menschen ein Begleiter sein. Seine Programmierung ist darauf ausgerichtet, dass der Mensch hundeartiges Verhalten bei ihm wiedererkennen kann. Der 2025 veröffentlichte *LOVOT* Roboter wiederum hat die Form eines Plüschtieres. Auch zu ihm sollen Menschen eine emotionale Bindung aufbauen. Sensoren, die Temperatur, Druck und Feuchtigkeit messen können, ermöglichen es dem *LOVOT*, auf unterschiedliche Formen von Berührung, wie z. B. ein Antippen oder Streicheln, spezifisch zu reagieren. Caroline Fuchs

1 Bill Gates, *A Robot in Every Home*, in: Scientific American, Special Editions Bd. 18, Nr. 1 (Februar 2008), S. 4. Letzter Zugriff: 11.10.2025. www.scientificamerican.com/article/a-robot-in-every-home-2008-02

*The word* Robot *was coined in 1921 by Czech writer Karel Čapek. In his drama* R.U.R. *a company produces artificial humans that are abused as cheap labor and at the end turn on the humans who force them into such slavery. The idea of a living machine that acts as humans' helper has, however, existed since as long ago as Classical Antiquity. In 2008, Bill Gates prophesied that every household would soon have a robot.[1] What not even 20 years ago may have seemed utopian to many is no longer such a far cry from reality at least in countries in the Global North. Robots now work in our factories, mow our lawns, vacuum our homes, and are busy taking on any number of other tasks, be it in healthcare, the emergency services, education, or as social companions in everyday life.*

*However different the fields of application may be, the design principles on which the robots are based tend to recur. Roughly speaking, there are three different types: humanoids, which have a shape that resembles the human body; zoomorphic robots designed taking their cue from animals; and those that are meant to resemble machines. The following robots from the collections of Die Neue Sammlung and the Institute for Cognitive Systems at the Technical University of Munich are meant as prime examples of designs in the last 25 years or so. However, the same functions cannot always be assigned to the same type of appearance.*

*Robots that are meant to act as companions for humans may, for example, possess an animal or a human form depending on which of the device's functionalities are to be emphasized. For example,* Pepper, *whose key function is to recognize human motions from their facial traits and gestures, and then respond appropriately, has a humanoid shape and has been used in care settings as a communicative robot companion. Robot dog* aibo, *by contrast, imitates a canine's shape and behavior. It is likewise meant to act as a companion for humans. Its programming is designed to ensure that humans can recognize that it behaves like a dog. The* LOVOT *robot that came out in 2025, by contrast, has the form of a cuddly toy. The idea is for humans to establish an emotional bond to it, too. Thanks to sensors by which it can monitor the temperature, pressure, and moisture* LOVOT *can respond accurately to different kinds of touch, for example if it is nudged or stroked.* Caroline Fuchs

*1 Bill Gates,* A Robot in Every Home, *in: Scientific American, Special Editions Vol. 18, No. 1 (February 2008), p. 4. Last access October 11th, 2025. www.scientificamerican.com/article/a-robot-in-every-home-2008-02*

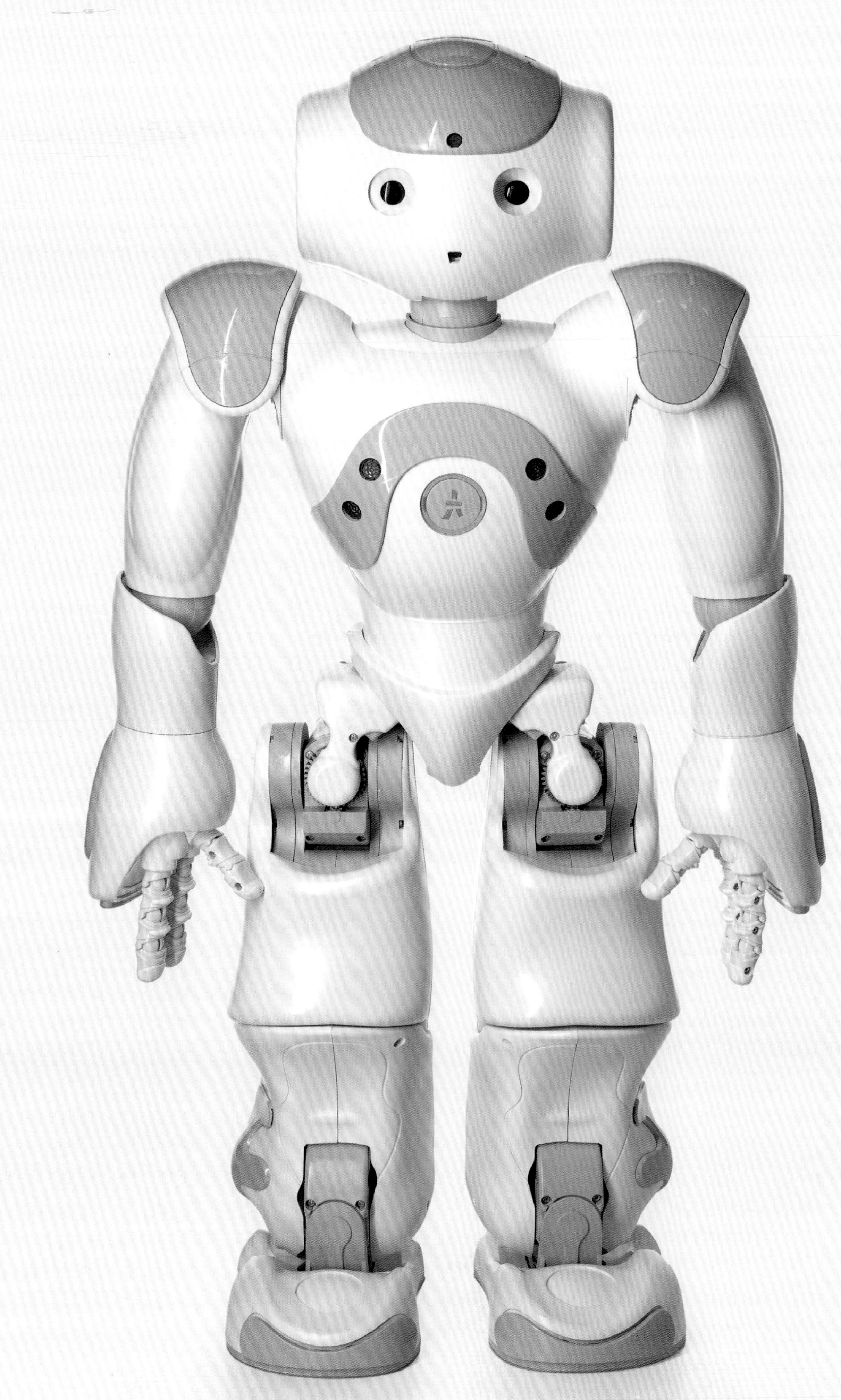

# NAO

*NAO* ist ein kleiner, humanoider Roboter, der dank seiner hohen Beweglichkeit weltweit in Bildung, Forschung und sogar im Roboterfußball zum Einsatz kommt.

Mit seinen runden Formen und großen Augen wirkt *NAO* freundlich und zugänglich, während die sichtbaren Gelenke seine technische Beweglichkeit betonen. Der humanoide Roboter kann Beine, Arme und Kopf bewegen, auf zwei Beinen laufen sowie hören, sehen, sprechen und auf Menschen reagieren.

Dank seiner vielseitigen Funktionen und einfachen Programmierung wurde *NAO 2007* zum Standardmodell beim internationalen Roboterfußballwettbewerb RoboCup und ersetzte dort den vierbeinigen Roboterhund *aibo*. Diese Flexibilität macht ihn auch in Forschung und Lehre beliebt. Die speziell für Bildungseinrichtungen entwickelte *NAO Academic Edition* bietet vollen Zugriff auf alle Sensoren und Bewegungsfunktionen und wird seit 2011 weltweit an Hochschulen eingesetzt. JRGO / JM

NAO *is a small, humanoid robot. It is highly mobile, and this has ensured its frequent use worldwide in education, research, and even in robot football.*

*With its round shapes and large eyes, NAO has a friendly and approachable appearance, while the visible joints underscore its technical agility. The humanoid robot can move its legs, arms, and head, walk on two legs, and listen, see, and talk – and respond to humans.*

*By virtue of its versatile functions and simple programming, in 2007* NAO *became the standard model used in the international robot football competition (RoboCup) – where it replaced the four-legged robot dog* aibo*. This flexibility also makes it a popular choice for research and teaching purposes. The* NAO Academic Edition *was developed specifically for education purposes and offers full access to all sensors and motility functions; since 2011 it has been used the world over in universities.* JRGO / JM

| NAO (Academic Edition) | 2008 |
|---|---|
| Aldebaran Robotics, Paris, FRA | |

# PEPPER

*Pepper* wurde 2014 als „emotionalster Roboter der Welt" in Tokio vorgestellt; mit einem animierten Herz auf seinem integrierten Tablet wurde er zum Leben erweckt.

Der halbhumanoide Roboter ist bewusst kindlich gestaltet: mit rundlichem Kopf, großen Augen und einer Körpergröße, die an ein Kind erinnert. Seine Arme bewegen sich menschenähnlich, Bewegungssensoren und Räder ermöglichen eine sichere und flexible Fortbewegung. *Peppers* Fähigkeit, Emotionen zu erkennen, basiert auf der Erkennung und Analyse von Gesichtsausdrücken und Stimmlagen. So kann er Personen auch wiedererkennen und lernt mit der Zeit, immer menschlicher zu antworten.

Seine empathischen Fähigkeiten machen ihn vielseitig einsetzbar im Kontakt mit Menschen – ob im Einzelhandel, an Flughäfen, in Banken oder Bildungseinrichtungen, ebenso wie in Altersheimen oder im privaten Umfeld, etwa als Roboter-Gefährte. Bis 2021 wurden schätzungsweise ca. 27.000 Exemplare verkauft. JM

Pepper *was presented in 2014 in Tokyo as the "world's most emotional robot"; it was "brought to life" with an animated heart on its integrated tablet.*

*The semi-humanoid robot has a deliberately child-like design, with a round head, large eyes, and a body size reminiscent of a child. Its arms move like those of humans, and movement sensors and wheels enable it to move safely and flexibly.* Pepper's *ability to recognize emotions is based on recognition and analysis of facial expressions and voice tones. As a result, it can recognize people again and over time learns to give ever more human responses.*

*Its empathetic abilities make it suitable for a variety of uses when interacting with humans, be it in retailing, at airports, in banks, or in educational facilities, or for that matter in retirement homes or in a private setting, for example as a robot companion. By 2021, an estimated 27,000 or so* Pepper *units had been sold.* JM

| Pepper | 2014 |
|---|---|
| Aldebaran Robotics, Paris, FRA | |

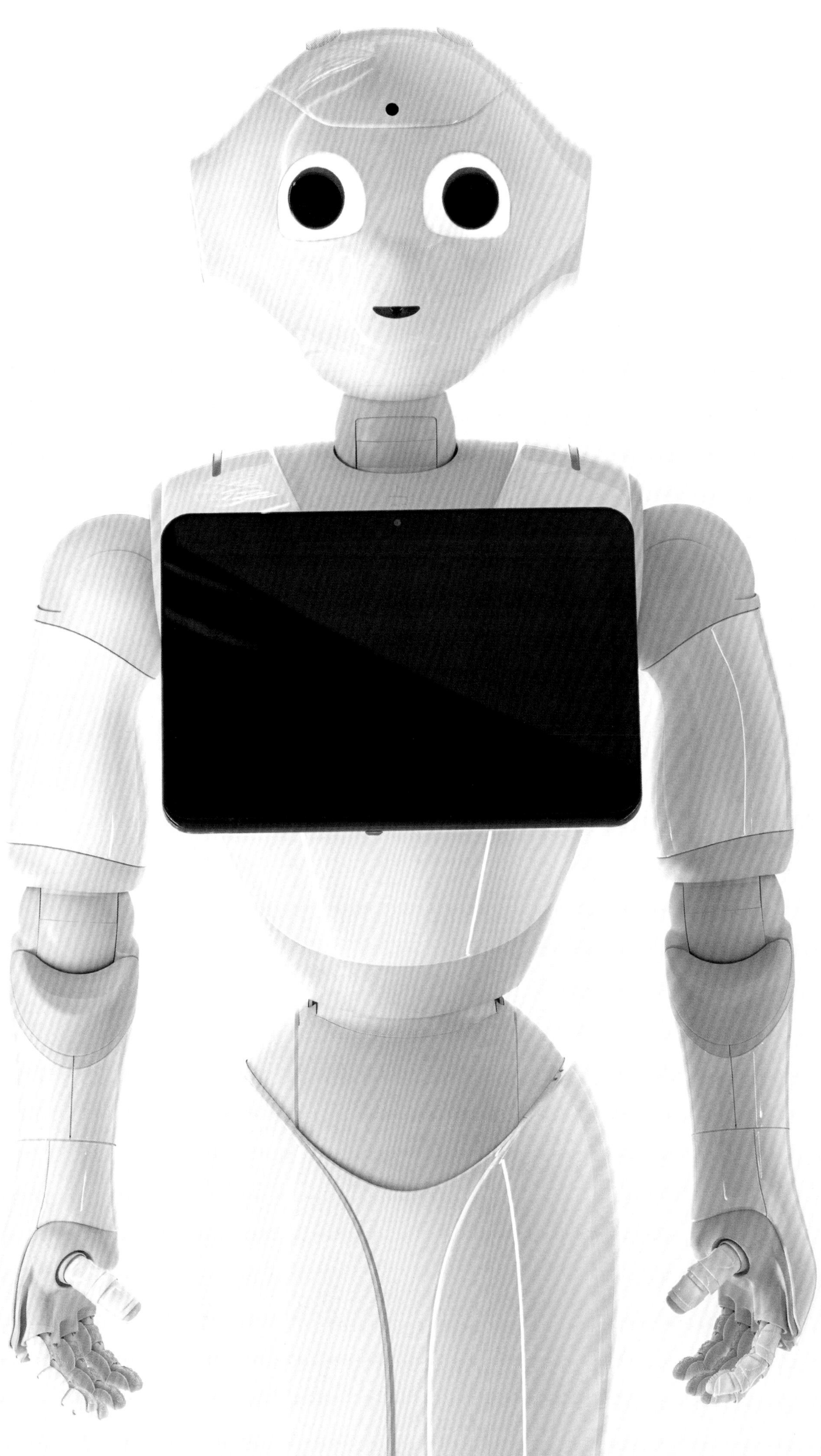

iit
TUM

# iCUB

Der *iCub* („Interactive Cognitive Universal Body") ist ein etwa ein Meter großer humanoider Roboter, der speziell entwickelt wurde, um die menschliche Kognition und Lernprozesse zu erforschen. Er entstand im Rahmen des europäischen Forschungsnetzwerks RobotCub und wurde 2010 am Italienischen Institut für Technologie gebaut.

Neben seinem kindlichen Aussehen imitiert *iCub* gezielt die Bewegungen eines Kindes wie Krabbeln, das Greifen von Gegenständen und die Interaktion mit Menschen. Forscher*innen nutzen ihn, um zu untersuchen, wie Körperbewegungen und Berührungen unser Denken und Lernen beeinflussen. Die Idee, dass unsere Interaktion mit der Umwelt unser Verständnis der Welt prägt, wird als „verkörperte Kognition" bezeichnet. Die Software des Roboters wurde als Open-Source entwickelt und kann so weltweit uneingeschränkt für die Forschung genutzt werden. JRGO / JM

iCub, *short for "Interactive Cognitive Universal Body", is a humanoid robot about one meter high that was developed specifically to research human cognition and learning processes. It arose in the framework of the European RobotCub research network and was built in 2010 at IIT, Italy's Institute of Technology.*

*Alongside its child-like appearance,* iCub *deliberately imitates an infant's movements, crawling, grabbing objects, and interacting with people. Researchers use it to explore how body movements and touch influence our thought and learning. The idea that our interaction with our surroundings defines our understanding of the world is something termed "embodied cognition". The robot features an open-source software so that it can be used without restriction for research the world over.* JRGO / JM

| iCub | 2010 |
|---|---|
| RobotCub Consortium und / and Istituto Italiano di Tecnologia, Genua / Genoa, ITA | |

# HRP-2

Der *HRP-2* ist ein humanoider Forschungsroboter, der für die Zusammenarbeit mit dem Menschen entwickelt wurde. Mit seinen 1,54 Metern Höhe hat er fast die Größe eines durchschnittlichen Menschen; 30 Motoren und Beweglichkeitsgrade machen ihn sehr mobil. Dass er auf unebenem Untergrund gut laufen kann und selbstständig aufsteht, wenn er hingefallen ist, gehörte 2002 zu seinen herausragenden und zukunftsweisenden Fähigkeiten. Sein Äußeres wurde von dem berühmten Illustrator und Manga-Zeichner Yutaka Izubuchi entwickelt und bewusst futuristisch gestaltet.

Entwickelt wurde der Roboter im Rahmen des „Human Robotics Project (HRP)“ in Zusammenarbeit zwischen Kawada Industries und Japans AIST National Institute of Advanced Industrial Science and Technology. CF

HRP-2 *is a humanoid research robot that was developed for interaction with humans. It is 1.54 meters tall and thus almost the size of an average human. With its 30 drives and mobility settings it is highly mobile. It can walk on uneven surfaces and gets up itself if it falls – in 2002, these were outstanding, forward-looking abilities. Its external appearance was developed and deliberately given a futurist design by renowned illustrator and manga creator Yutaka Izubuchi.*

*The robot was developed as part of the "Human Robotics Project (HRP)" in a collaborative effort between Kawada Industries and Japan's AIST National Institute of Advanced Industrial Science and Technology.* CF

HRP-2, Erscheinungsbild / Exterior Design: Yutaka Izubuchi — 2002

Kawada Industries und / and National Institute of Advanced Industrial Science and Technology, JPN

# UR5 / ALLEGRO-HAND

Die *Allegro-Hand* ist eine besonders bewegliche Roboterhand mit 4 Fingern und insgesamt 16 Gelenken. Sie dient speziell der Erforschung menschlicher Handbewegungen, wie Greifen oder Drehen. Entwickelt wurde sie von der Forschungsgruppe Humanoide Roboterhand am Korea Institute of Industrial Technology (KITECH) und sie wird vom koreanischen Unternehmen Wonik Robotics vertrieben. Dieses Modell wurde vom Lehrstuhl für Kognitive Systeme der Technischen Universität München mit der künstlichen Roboterhaut *e-skin* ausgestattet, die es der Hand ermöglicht, Berührungen und Druck wahrzunehmen. JRGO

*The* Allegro-Hand *is an especially mobile robot hand with four fingers and a total of 16 joints. It is specifically designed to research human hand movements, such as gripping or twisting, etc. It was developed by the Humanoid Robot Hand research group at KITECH, the Korea Institute of Industrial Technology (KITECH) and is distributed by Korean company Wonik Robotics. The Institute for Cognitive Systems at the Technical University of Munich outfitted this model with an artificial robot e-skin that enables the hand to perceive touch and pressure.* JRGO

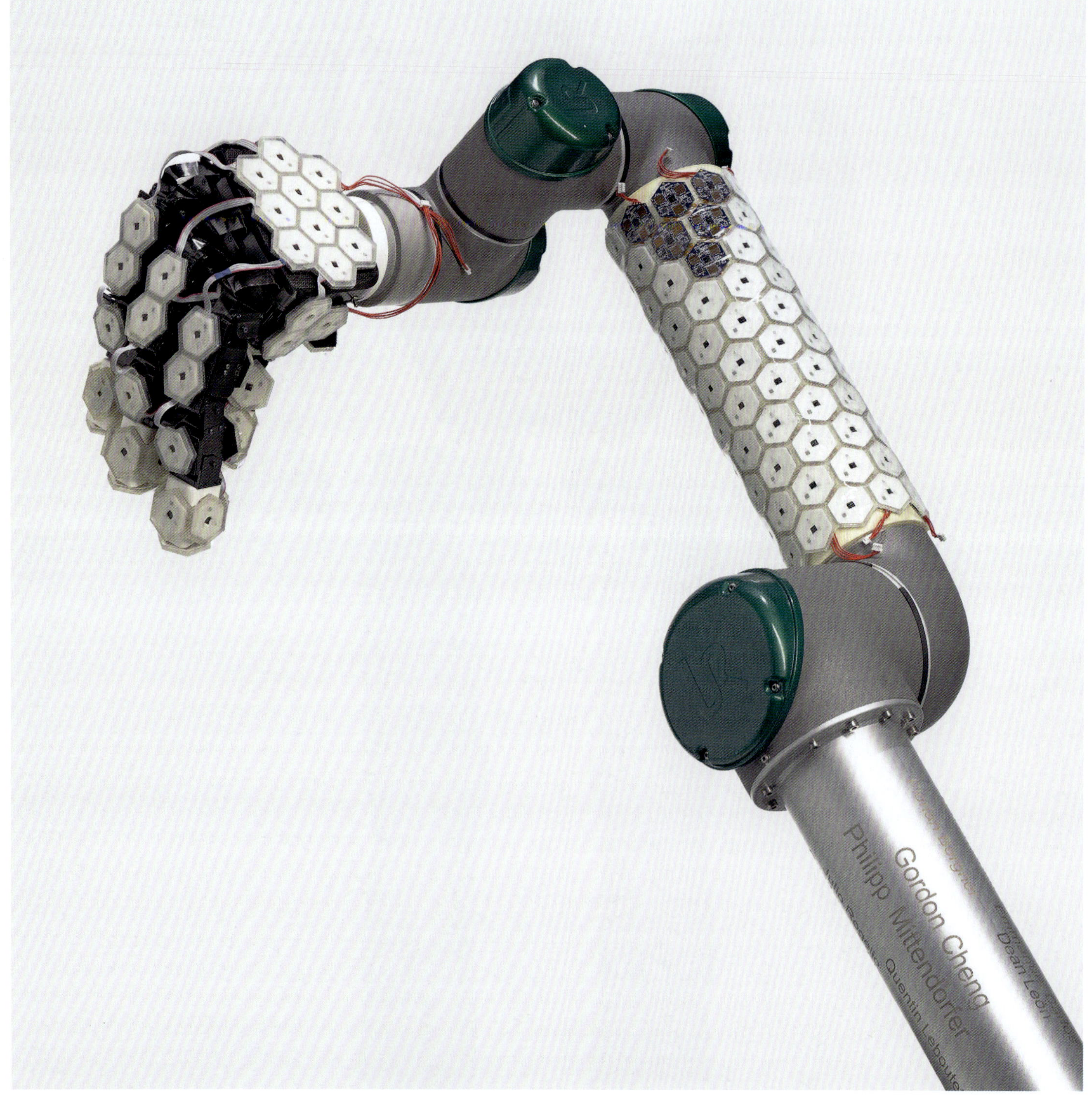


| Allegro-Hand / Allegro hand | 2012 |
|---|---|
| Wonik Robotiks Co., Gyeonggi-do, KOR | |
| UR5 Industrieroboter / Industrial robot | 2008 |
| Universal Robotics, München / Munich, GER | |

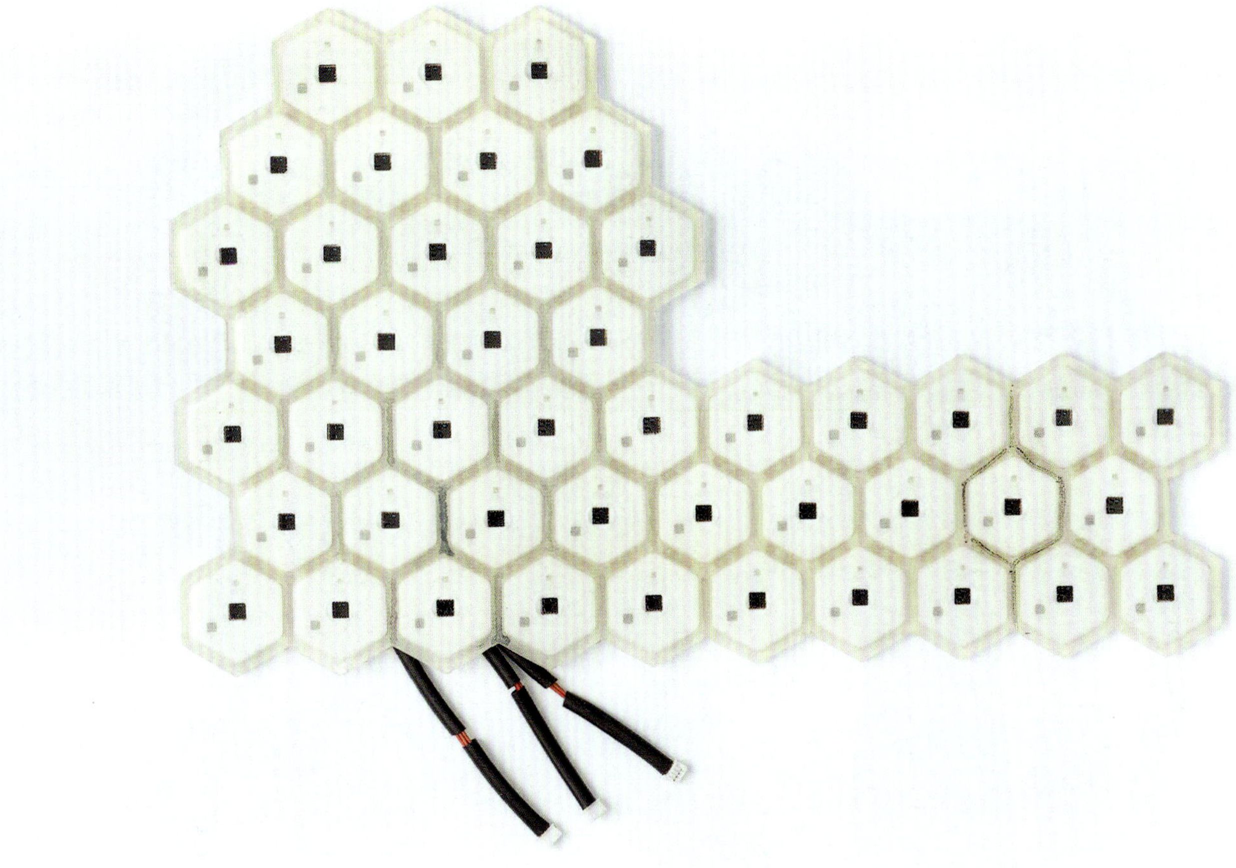

# E-SKIN 500

Die *e-skin 500* erlaubt es Robotern, Berührungen zu erfassen und auf Temperatur zu reagieren. Jede Wabe ist mit einem Chip sowie Sensoren ausgestattet, welche eintreffende Reize und Temperaturschwankungen messen. Die Haut gehört somit in den Bereich der Neurotechnik, die Funktionen biologischer Nervensysteme erforscht und sie auf technische Vorgänge überträgt.

Sie wurde von Prof. Gordon Cheng und seinem Team am Institut für Kognitive Systeme der Technischen Universität München entwickelt.

Aufgrund der Wabenstruktur lässt sich die Roboterhaut beliebig erweitern. Die einzelnen Zellen kommunizieren auch untereinander, sodass die Funktion nicht beeinträchtigt wird, wenn eine Zelle ausfällt.

Das Herausragende an der *e-skin 500* ist aber ihr geringer Bedarf an Rechenleistung. Bis zu 90 % weniger Kapazität als herkömmliche Modelle nimmt die Erfindung in Anspruch. Das ermöglicht erstmals eine umfangreiche Nutzung für viele Robotertypen, welche vorher nicht genug Rechenleistung besaßen, um die vielen Messdaten einer elektronischen Haut zu verarbeiten. MF

*The* e-skin 500 *enables robots to sense touch and respond to the temperature. Each cell of the honeycomb features a chip and sensors that measure incoming stimuli and temperature fluctuations. The skin is therefore a product of neurotechnology, a field that researches the functions of biological nervous systems and transposes them into technical processes.*

*It was developed by Prof. Gordon Cheng and his team at the Institute for Cognitive Systems at the Technical University of Munich. Thanks to the honeycomb structure, the robot skin can be expanded at will. The individual cells communicate with one another so that functionality is not impaired if a cell fails.*

*What is however so outstanding about the* e-skin 500 *is that it requires little computing capacity, relying on up to 90% less capacity than conventional models. This for the first time enables it to be used by a wide range of different robot types that hitherto did not possess sufficient computing capacity to process all the measurement data an electronic skin supplied.* MF

| e-skin Roboterhaut / Robotic skin | 2012 |
|---|---|
| TUM Institut für Kognitive Systeme / TUM Institute for Cognitive Systems München / Munich, GER | |

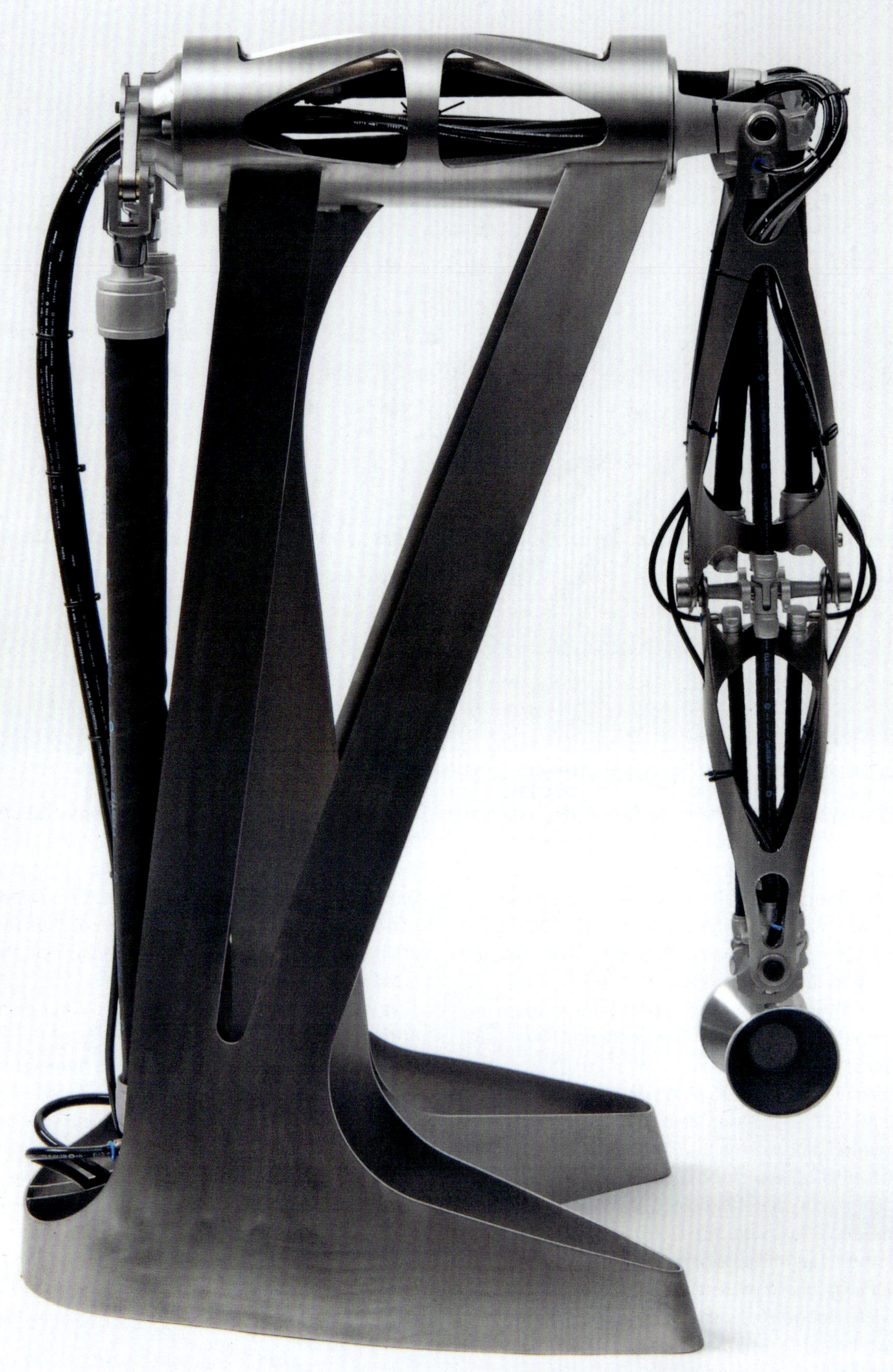

# AIRARM

Der *AirArm* zählt zu den Industrieknickarmen, welche für das Greifen und Übergeben von Gegenständen optimiert sind. Er orientiert sich an natürlichen Vorbildern. Ziel des Projektes war es, die perfektionierten Bewegungsabläufe von Lebewesen aus der Natur auf die Robotik zu übertragen. Damit folgt der *AirArm* dem sogenannten bionischen Prinzip, bei dem Prozesse und Funktionsweisen aus der Natur in die Technik transferiert werden.

Im Gegensatz zu den meisten Industrierobotern grenzt er sich allerdings von der menschlichen Form des Armes ab. Der grundlegende Gedanke war es stattdessen, sich an den Beinen von Gliederfüßern wie Heuschrecken oder Hummern zu orientieren. Das Ergebnis ist ein zweigeteilter Arm mit einem externen Skelett, dessen Bewegungsmuster denen eines Menschen ähneln, ohne dabei humanoid zu wirken. Dieser Aufbau erlaubt es dem Roboter, möglichst viele Punkte innerhalb eines halbkugelförmigen Arbeitsraums präzise anzusteuern. Von mit Luftdruck arbeitenden Muskeln angetrieben, kann er sogar einzelne Wassertropfen fangen.

Entwickelt wurde der Arm in einer Zusammenarbeit von drei Universitäten aus Linz, Jena und Ilmenau, beauftragt im Bionik Lern Netzwerk durch die Firma *Festo*, ein Unternehmen, welches auf Automatisierungstechnik spezialisiert ist. MF / ATH

*The* AirArm *is an industrial articulated arm that is optimized for gripping and moving objects. The* AirArm *takes its cue from natural role models, with the aim of the project being to translate the perfected movement sequences of natural living creatures into robotics. It thus follows the so-called "bionic principle," whereby processes and operational modes from nature are transferred into technology.*

*Unlike most industrial robots, however, the* AirArm *differs from the human arm. Instead, the basic idea was to use the legs of arthropods such as grasshoppers or lobsters as a model, and this resulted in a two-part arm with an external skeleton whose patterns of movement resemble those of a human being without appearing humanoid. The design allows the robot to precisely target as many points as possible within a hemispherical working space. Propelled by muscles that are pneumatically powered, the arm can even catch individual drops of water.*

*The* AirArm *was developed in a collaboration between the universities of Linz, Jena, and Ilmenau, and commissioned as part of the Bionics Learning Network by the company Festo, which specializes in automation technology.* MF / ATH

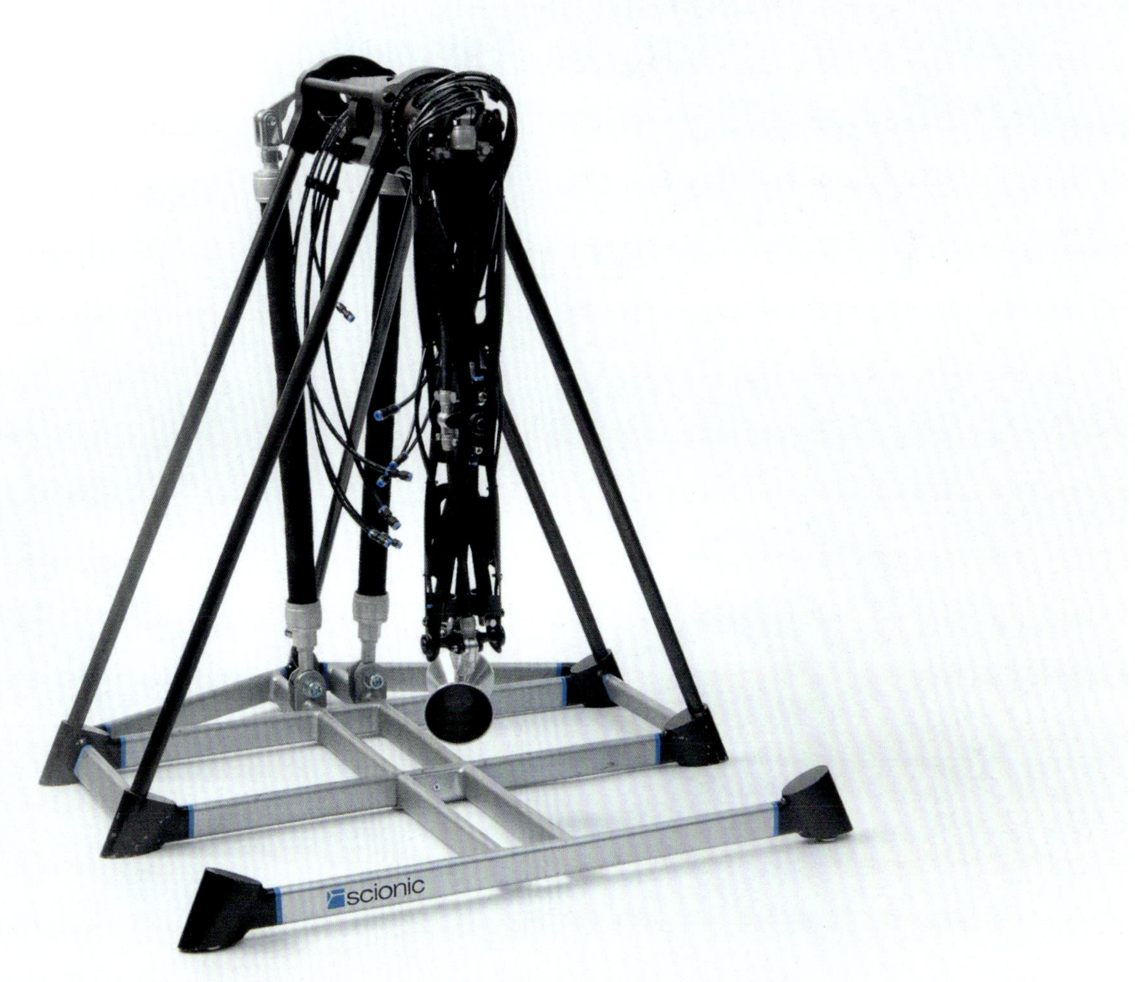


| AirArm, Axel Thallemer, Martin Danzer, Mitarbeit / Collaboration: Martin S. Fischer, Hartmut Witte, Christoph Ament | 2008 |
| --- | --- |
| Festo AG & Co. KG, Denkendorf, GER | |

# AIRARM GRIPPERS

Diese drei Greifer sind Aufsätze für den *AirArm*. Jeder Greifer hat eine unterschiedliche Anwendung, aber alle folgen dem gleichen Funktionsprinzip. Der sogenannte *Point Gripper* (links oben) ist vom Bewegungsprinzip des Vogelschnabels inspiriert. Er kann sehr schnelle, präzise Greifbewegungen ausführen. Auch der *Line Gripper* (rechts) ist von der Natur inspiriert. Die Nähe der Bewegung zur menschlichen Hand ermöglicht es dem Greifer, Gegenstände ihrer jeweiligen Form folgend zu umschließen. Der *Spatial Gripper* (links unten) erinnert an die Greifbewegung von Daumen, Zeige- und Mittelfinger. Er kann Gegenstände auf zweierlei Weise erfassen: Im parallelen Modus greift er den Gegenstand ähnlich wie der *Line Gripper*, aber ohne ihn komplett zu umschließen. Im radialen Modus wird aus drei Richtungen Kraft auf den Gegenstand ausgeübt. Die unterschiedlichen Aufsätze, die mit Luftdruck betrieben werden, erweitern die Einsatzmöglichkeiten des *AirArms* bedeutend. MF / ATH

*These three grippers are attachments for the* AirArm. *Each gripper has a different application, but the functional principle remains the same. The so-called* Point Gripper (top left) *is inspired by the movement principle of a bird's beak and is able to perform very fast, precise gripping movements. The* Line Gripper *(right) is likewise inspired by nature. The similarity of the movement to that of the human hand enables the gripper to grasp objects according to their shape. The* Spatial Gripper *(bottom left), meanwhile, is reminiscent of the gripping movement of the thumb, index and middle finger and is thus able to grasp objects in two different ways. In parallel mode, it grips the object in a similar way to the* Line Gripper, *but without enclosing it completely, while in radial mode force is exerted on the object from three directions. These different pneumatically-driven attachments significantly expand the potential applications of the* AirArm. *MF / ATH*

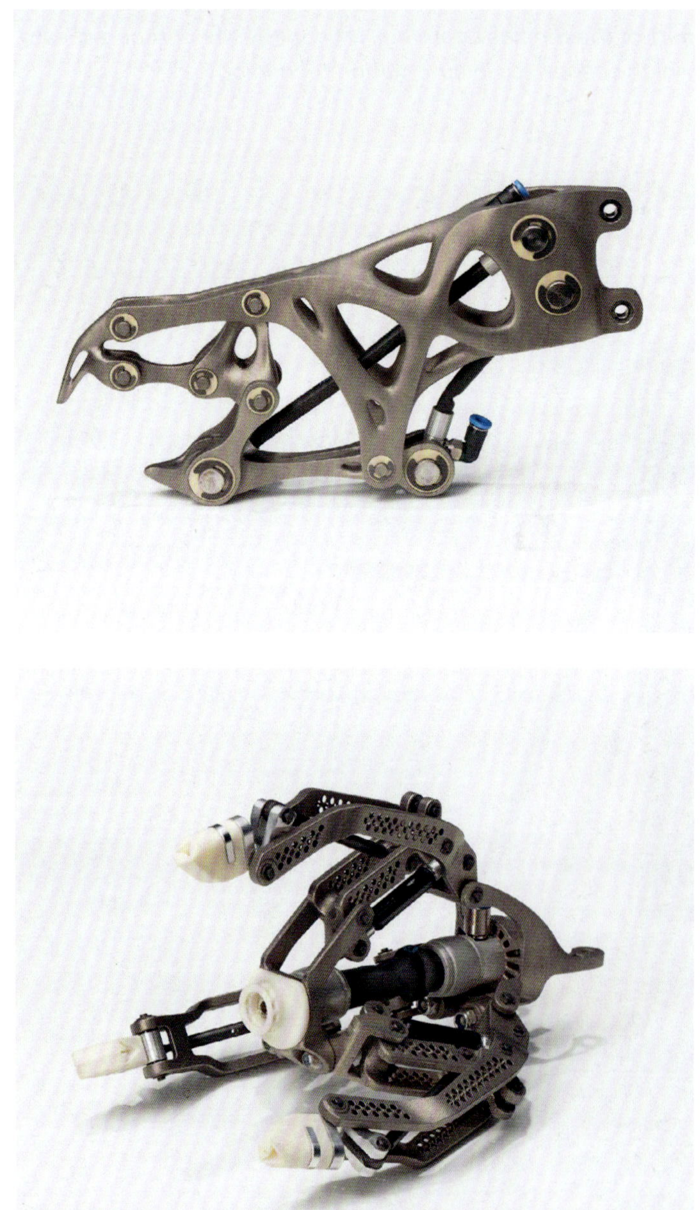

| AirArm Power Grippers, Axel Thallemer, Martin Danzer, Aleksandar Kostadinov, Bernhard Rogler und / and Dominik Diensthuber | 2012 |
|---|---|
| Festo AG & Co. KG, Esslingen am Neckar, GER | |

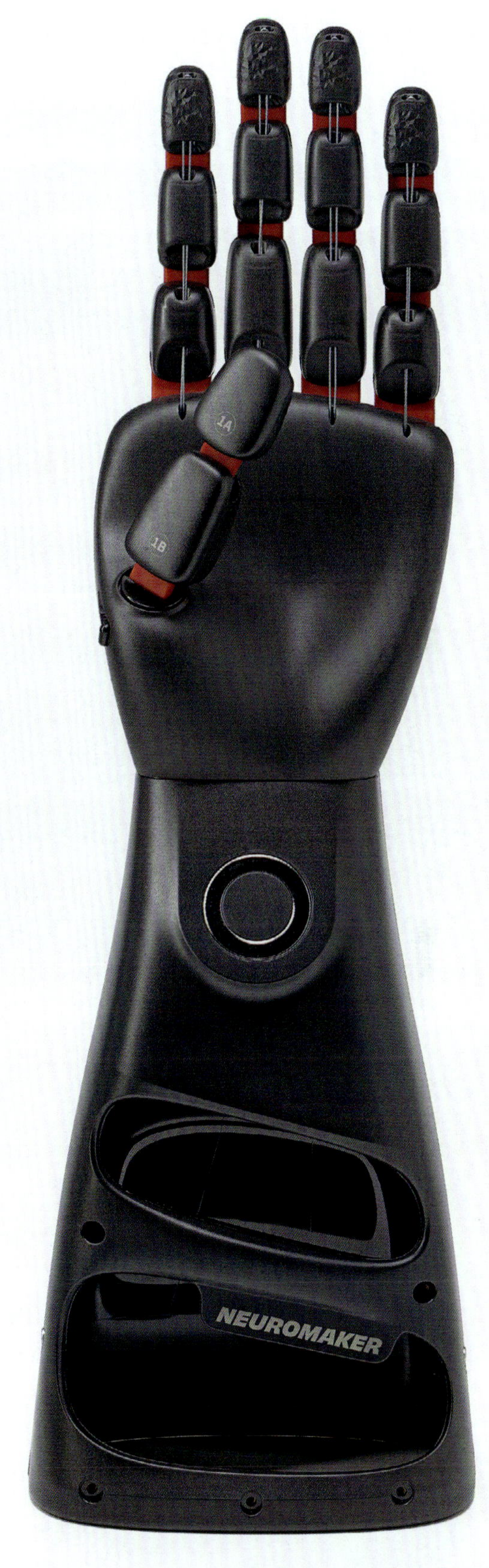


| Neuromaker Hand 2.0 | 2023 |
| --- | --- |
| BrainCo (Zhejiang Qiangnao Technology), Shenzhen, CHN | |

# POLARIS

| Polaris, Outdoor Roboter / Outdoor robot, Schlagheck Design | 2003 |
|---|---|
| Roboterwerk GmbH, Obing, GER | |

# FOXBOT

| Foxbot Prototyp / Prototype, Mobiler Roboter / Mobile robot, Schlagheck Design | 2004 |
|---|---|
| Roboterwerk GmbH, Obing, GER für die Deutsche Bundeswehr / for the German Armed Forces | |

# QUADCOPTER PARROT 2.0

Die Drohnen *Quadcopter Parrot 2.0* und *Airblock* wurden 2010 bzw. 2016 für den Hobby- und Freizeitbereich entwickelt. Dank einfacher Steuerung und eingebauter Kamera für Foto- und Videoaufnahmen aus der Luft weckten sie insbesondere das Interesse bei Einsteigern des computergesteuerten Flugerlebnisses. Die Gemeinsamkeiten beider Modelle sind vor allem in ihrem Antrieb durch Motoren und Propeller sowie der mobilen Steuerung via Smartphone oder Tablet zu finden.

In Design und Konzipierung richteten sie sich jedoch an unterschiedliche Zielgruppen. Die französische *Parrot* besitzt eine fixe Form. Sie hat eine Reichweite von ca. 100 Metern bei einer Flugdauer zwischen 12 und 15 Minuten. Damit liefert sie solide Hobbyaufnahmen. Bei der chinesischen *Airblock* handelt es sich dagegen um eine modulare Drohne für Lern- und Experimentierzwecke. Sie besteht aus einzelnen Elementen, die individuelle Konfigurationen erlauben. Distanz und Flugdauer sind im Vergleich zur *Parrot* deutlich geringer. AB

*The* Quadcopter Parrot 2.0 *and the* Airblock *drones were developed in 2010 and 2016 respectively for hobby and leisure use. Thanks to simple controls and a built-in camera for aerial photos and video recordings, they aroused particular interest among newcomers to the computer-controlled flying experience. The main similarities between the two models are their propulsion by motors and propellers as well as mobile control via smartphone or tablet.*

*Their designs and concepts, however, were aimed at different target groups. The French* Parrot *has a fixed shape. Its range is approx. 100 meters and it has a flight duration of between 12 and 15 minutes, making it a solid choice for hobby filming. The Chinese* Airblock, *meanwhile, is a modular drone for learning and experimental purposes. It consists of individual elements that allow customized configurations, but its range and flight duration are significantly shorter than those of the* Parrot. *AB*

| Quadcopter Parrot 2.0 Elite Edition, Drohne / drone | 2010 |
|---|---|
| Parrot SA, Paris, FRA | |

| Airblock, Modulare Drohne bzw. Luftkissenfahrzeug / Transformable drone or hovercraft toy | 2016 |
| --- | --- |
| Makeblock, Shenzhen, CHN | |

# UGOT ROBOTIC KIT

| UGOT Robotic Kit, Quadruped Robot, Wenjin Ye | 2023 |
|---|---|
| Ubtech Robotics, Shenzhen, CHN | |

# ROBOQUAD

Die Gestaltung des Roboterspielzeugs erinnert durch die Anordnung der vier Beine und den Kunststoff-Panzer an ein Spinnentier, obwohl Spinnen doppelt so viele Beine haben. Durch die gleichmäßig angeordneten Beine kann er sich direkt in alle Richtungen bewegen. Die großen Sensoren am Kopf, ähnlich den Tieraugen, beinhalten einen Infrarot-Sender sowie einen Infrarot-Empfänger. Mit diesen kann der Roboter seine Umgebung erkennen und abtasten. Direkt neben den Sensoren sind beidseitig zwei kleine übereinanderliegende Leuchtkreise zu sehen, die blinken können, aber keine technische Funktion erfüllen.

Mithilfe seines Infrarot-Sensors kann sich der Roboter im Raum orientieren und Hindernisse erkennen. Eine Fernbedienung ermöglicht die manuelle Steuerung und das Einstellen von fünf verschiedenen Modi. Die unterschiedlichen Modi regeln die Art und Weise, wie der Roboter auf Geräusche und Bewegung reagieren und wie aktiv er sich bewegen soll. Zusätzlich können bis zu 40 verschiedene Programme ausgewählt und in der gewünschten Reihenfolge gespeichert werden, die der *Roboquad* auf Befehl hintereinander ausführt. MF

*With its arrangement of four legs and its plastic carapace, the design of the robot toy is reminiscent of a spider-like animal, although spiders have twice as many legs. The regular layout of the legs means it can move directly in any direction. The large sensors on its head resemble animal eyes and feature an infrared transmitter and an infrared receiver. Thanks to them the robot can identify and scan its surroundings. Right next to the sensors there are two small circles of lights one over the other; while they can blink, they do not have any technical function as such.*

*Using its infrared sensor, the robot can orient itself in its surroundings and identify obstacles. By means of a remote unit, users can manually control the robot and set five different modes. These regulate how the robot responds to sounds and movement and how actively it should move. In addition, users can choose from up to 40 different programs and store these to memory in the desired sequence in which the* Roboquad *then performs them on command.* MF

| Roboquad, Spielzeugroboter / Toy robot, Mark Tilden | 2007 |
|---|---|
| WowWee Group, Hongkong / Hong Kong, HKG | |

## AIBO ERS

Mit dem *aibo* (dt. Freund oder Partner) revolutionierte Sony ab 1999 die Elektronik-Unterhaltungsbranche. Als seinerzeit neuartiger Haustierersatz reagiert der KI-gesteuerte Roboterhund per Sensorik, Kamera und Mikrofon auf seine Umwelt. Natürliche Verhaltensweisen eines Hundes werden dabei durch das Spielzeug adaptiert und im Sinne einer Mensch-Tier-Beziehung umgesetzt. *aibo* hört auf Befehle, bewegt seine Gliedmaßen sowie seine Ohren und „bellt".

Ähnlich der Robotervision des *Dog 2000* besitzt *aibo* durch seine Glieder in monochromer metallischer Farbgebung und

*Sony revolutionized the electronic entertainment industry with the* aibo *(meaning 'friend' or 'partner') launched in 1999. The robot dog was a kind of substitute pet that was groundbreaking at the time; controlled by an AI it responds to its environment using sensors, a camera, and a microphone.* aibo *adapts natural canine behaviors and translates them into interpersonal relationships – it listens to commands, moves its limbs and ears, and even "barks."*

*Similar to the vision of the robotic* Dog 2000, aibo*'s limbs in monochrome metallic colors and tinted Plexiglas*

| aibo ERS-220, Sony Design Center: Shoji Kawamori | Design vor / before 2001 |
| --- | --- |
| Sony Corporation, Tokio / Tokyo, JPN | |

| aibo ERS-210, Sony Design Center | 2000 |
| --- | --- |
| Sony Corporation, Tokio / Tokyo, JPN | |

getönten Plexiglaseinsätze rein technischen Charakter. Der *aibo ERS-111* brach bei seiner Markteinführung im Jahr 2000 alle Verkaufsrekorde. Bis 2018 folgten fünf Generationen, die entsprechend ihrer Zeit mit Unterhaltungsfeatures wie Sprach- und Gesichtserkennung oder einem Cloudspeicher ausgestattet waren. Parallel zur technischen Weiterentwicklung nahmen die jeweiligen Generationen ein zunehmend natürliches animalisches Erscheinungsbild an. AB

*inserts lend it a purely technical character. When it was launched on the market in 2000, the* aibo ERS-111 *broke all sales records. By 2018 five generations had followed, equipped with entertainment features that depending on their issue date included voice and face recognition or cloud storage. Parallel to the technical advances, the respective generations took on an increasingly animal-like appearance.* AB

| aibo ERS-111, Sony Design Center: Shoji Kawamori | 1999 |
|---|---|
| Sony Corporation, Tokio / Tokyo, JPN | |

# LOVOT

| | |
|---|---|
| LOVOT | 2018 |
| GROOVE X, Tokio / Tokyo, JPN | |
| LOVOT Stuhl / Chair | 2024 |
| Takram Japan, Tokio / Tokyp, JPN | |

# MY KEEPON

*Keepon* ist ein kleiner Therapieroboter aus der Autismusforschung, der aufgrund seiner Online-Popularität als Spielzeug vermarktet wurde.

Das Forschungsmodell *Keepon Pro* wurde 2003 am National Institute of Information and Communications Technology (NICT) in Kyōto, Japan, entwickelt. Der Roboter wurde insbesondere für die Interaktion mit Kindern im Autismus-Spektrum entwickelt, um ihr Sozial- und Kommunikationsverhalten zu analysieren und zu fördern. Durch gesteuerte Blick- und Körperbewegungen simuliert er Aufmerksamkeit und Emotionen, während Kamera und Mikrofon in Augen und Nase die Reaktionen der Kinder aufzeichnen. Die weiche Oberfläche lädt zum Anfassen ein.

Ein virales Tanzvideo machte *Keepon* bekannt. 2011 erschien die vereinfachte und kostengünstige Spielzeugversion *My Keepon*, die auf Berührung reagiert und im Musikmodus im Takt tanzt. Ein Teil der Erlöse floss in die Forschung. JM

Keepon *is a small therapy robot based on research into autism that was marketed as a toy given the popularity it enjoyed online.*

*The research model named* Keepon Pro *was developed in 2003 at the National Institute of Information and Communications Technology (NICT) in Kyōto, Japan. The robot was specifically designed for interaction with children on the autism spectrum in order to analyze and boost their social and communicative behavior. By means of controlled eye and body movements it simulates attention and emotions while the camera and microphone in its eyes and nose record the particular child's response.* Keepon's *soft surface encourages children to touch it.*

*A viral dance video clip made* Keepon *famous. In 2011, the simplified and cost-effective toy version* My Keepon *came out: It responds to touch and in music mode dances to the music's rhythm. Part of the revenues from the sales went into further research.* JM

| My Keepon, Hideki Kozima, Marek Michalowski (BeatBots) | 2011 |
|---|---|
| Wow! Stuff, Wolverhampton, GBR | |

# AV1 AVATAR

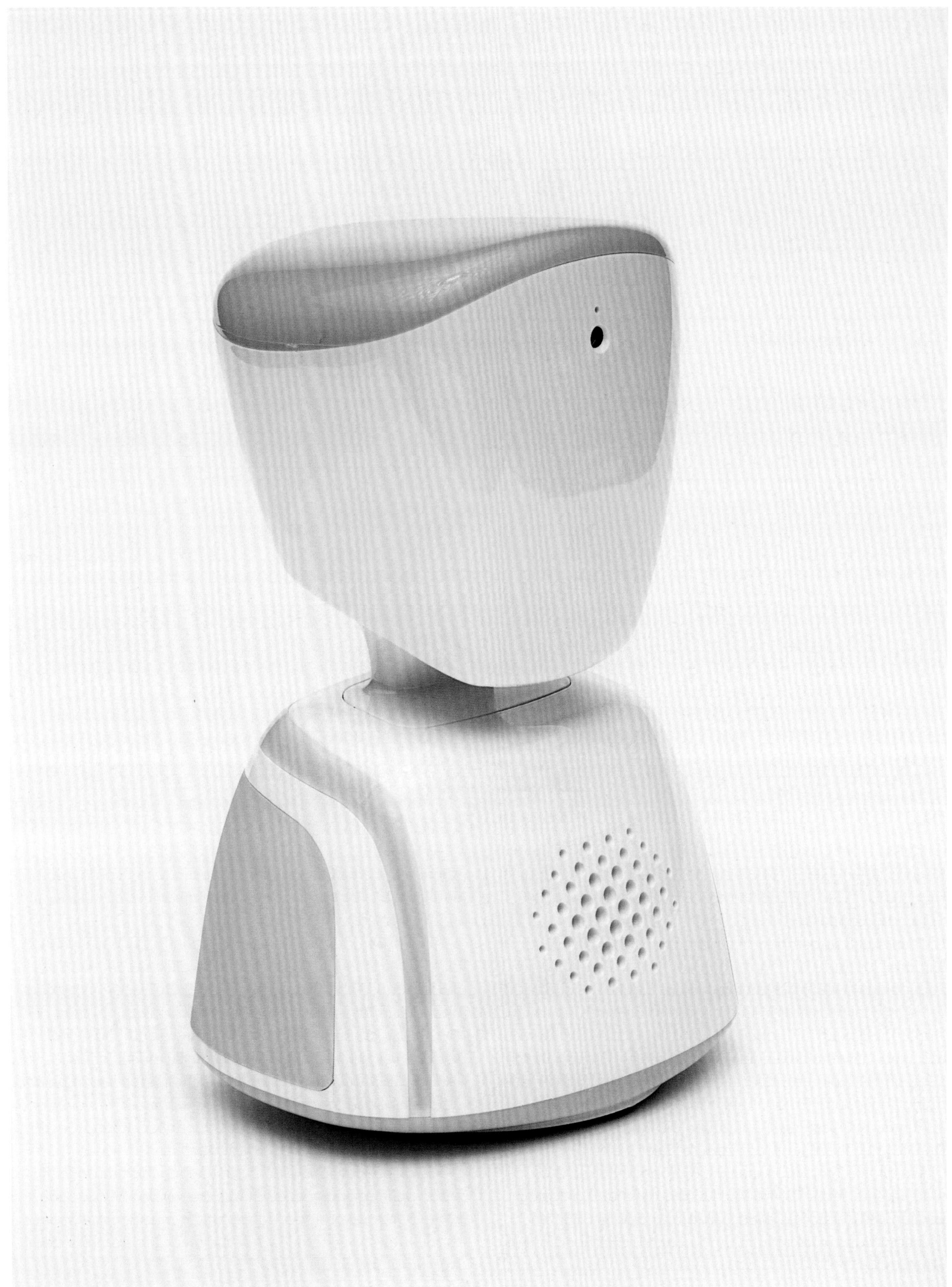

| AV1 Avatar, Snø Design und / and No Isolation | 2016 |
|---|---|
| Westcontrol AS, NOR | |

# ZUM KIT - ELECTRONICS KIT

| ZUM Kit – Electronics Kit | 2014 |
|---|---|
| BQ, Mundo Reader S.L., Las Rozas de Madrid, ESP | |

# TRILOBITE ZA1

Mit dem *Trilobite* kam vor mehr als 20 Jahren der erste alltagstaugliche Staubsaugerroboter auf den Markt. Seine Form entspricht bis heute der üblichen Gestaltung solcher Geräte. Gewählt wird in der Regel eine möglichst flache Scheibe, die im Idealfall auch unter Möbelstücken hindurchfahren soll. Für das Design des Geräts sowie seinen Namen standen die Trilobiten Pate. Sie bewohnten im Paläozoikum, das heißt vor ca. 520 bis 250 Millionen Jahren, den Meeresboden und ernährten sich von dem, was sie dort fanden. Ihrem Vorbild sind die symmetrisch angeordneten Lüftungsschlitze nachempfunden, die eine Schuppenform andeuten.

Anders als heutige Staubsaugerroboter arbeitet der *Trilobite* noch nicht mit Infrarotsensoren, Laser oder einer Kamera. Stattdessen sendet er Ultraschallwellen aus und misst ihr Echo, so wie es auch Fledermäuse zu ihrer Orientierung tun. Auf diese Weise kann der Staubsaugerroboter Hindernisse erfassen und umfahren.

Mit der Imitation von Verhaltensweisen und der Form eines Lebewesens folgt der *Trilobite* zwei typischen Prinzipien der Roboterentwicklung. Einerseits ist die Natur oft Vorbild für ihre technischen Funktionsweisen, andererseits soll die tierische Formgebung die Akzeptanz von Robotern fördern. Haustiere begleiten uns seit ca. 15.000 Jahren. Um die vergleichsweise jungen Roboter dem Menschen vertraut zu gestalten, wurden und werden sie häufig Tieren nachempfunden. Spitznamen, wie wir Menschen sie den eigenen Haushaltsrobotern geben, spiegeln diese Herangehensweise. CF

*The* Trilobite *was launched more than 20 years ago as the first household robot vacuum cleaner on the market. In terms of its shape, it still corresponds to the standard design of such appliances today – namely a disc shape, which was the usual choice and was made as flat as possible so it could ideally also pass underneath items of furniture. The design of the appliance and its name were inspired by actual trilobites, which inhabited the seabed in the Paleozoic era, i.e., around 520 to 250 million years ago, and fed on whatever they found there. The shape of these creatures was taken as the basis for the appliance's symmetrically arranged ventilation slits with their scale-like appearance.*

*Unlike the robot vacuum cleaners of today, the* Trilobite *did not yet feature infrared sensors, lasers, or a camera. Instead, it emitted ultrasonic waves and measured their echo, just as bats use for their guidance system. This enabled the robot vacuum cleaner to identify and navigate around obstacles.*

*By imitating the behavior and shape of a living creature the* Trilobite *follows two typical principles of robot development: First, nature often acts as the role model for technical functionality; second, the animal-like design is intended to promote the acceptance of robots. Humans have been keeping pets for around 15,000 years, and robots, as a much more recent development, were and are often modeled on animals to make humans feel comfortable having them around. The nicknames we humans often give our own household robots reflect this.* CF

| Trilobite ZA1, Staubsaugerroboter / Robot vacuum cleaner | c. 1996–2001 |
|---|---|
| Electrolux AB, Stockholm, SWE | |

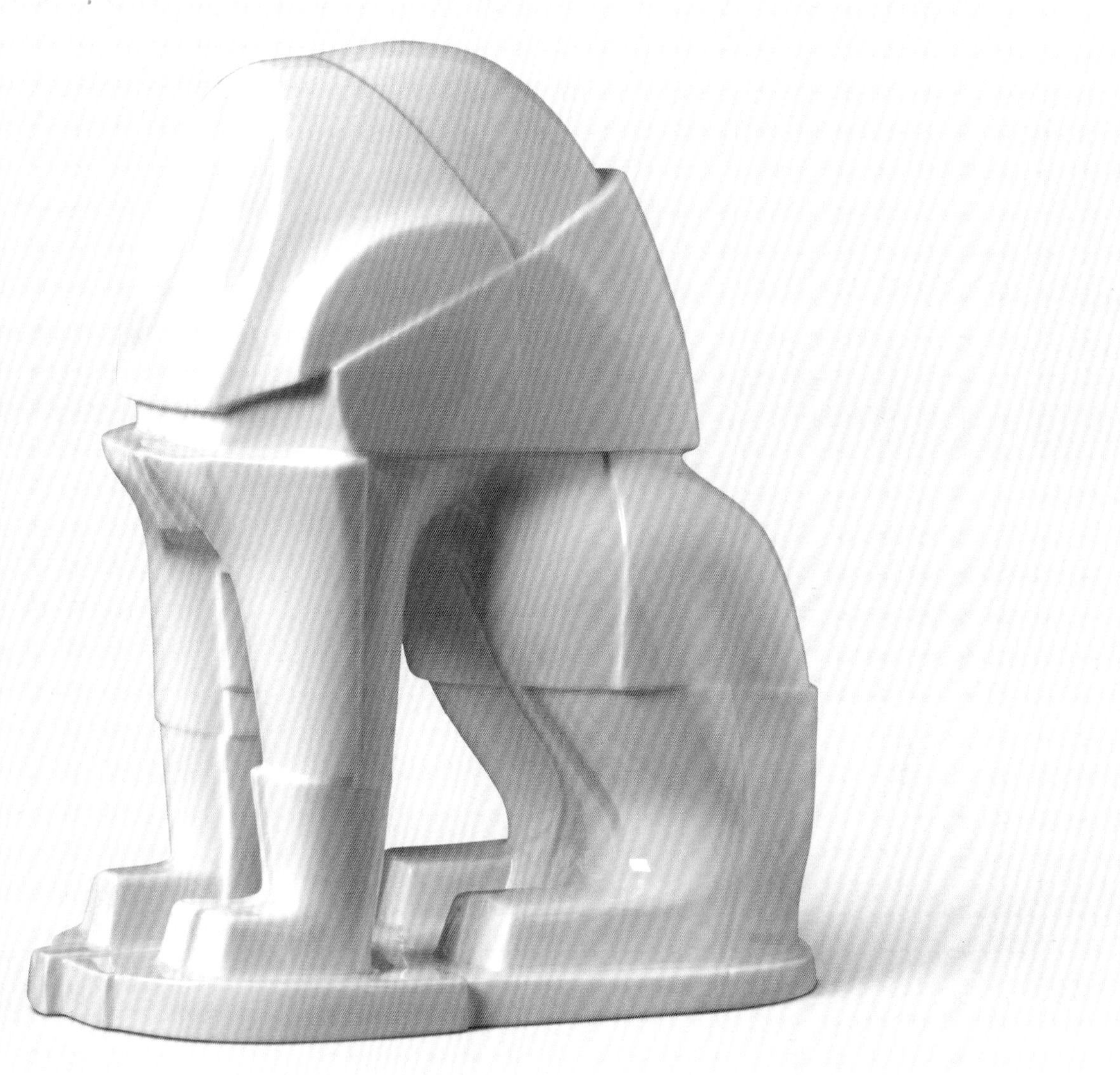

## DOG 2000

Das Porzellanobjekt *Dog 2000* verweist als abstrahierte Sitzfigur eines Hundes auf Formen und Bewegungen eines Roboters. Diese sind jedoch stark reduziert wiedergegeben. Design und Funktionalität stehen im Widerspruch zueinander. Denn im Gegensatz zu ihrer äußeren Formensprache, bei der neben der sterilen Farbgebung besonders ihre plastisch filigran ausgearbeiteten Körperteile unterschiedlicher Form und Größe hervorstechen, verfügt die Porzellanfigur weder über Unterhaltungsfeatures noch über Bewegungselektronik.

Figürliche Darstellungen mechanischen, nahezu roboterähnlichen Charakters gehören zu den wiederkehrenden Elementen im Werk des britischen Grafikers und Bildhauers Eduardo Paolozzi. Der rasante technische Fortschritt sowie amerikanische Science-Fiction dienten dem Künstler dabei oft als Inspirationsquellen. Die Figur des *Dog 2000* steht am Beginn einer Kooperation der 1980er-Jahre zwischen Paolozzi und der Porzellanmanufaktur Rosenthal. Nur 50 Exemplare wurden als *studio-linie*-Ausführung produziert. [AB]

Dog 2000 *is a sitting figure of a dog made of porcelain. Its abstract appearance references the forms and movements of a robot. These are presented, however, in greatly reduced form. Design and functionality are at odds here, since its external design language (notable for colors reminiscent of cleanliness and, in particular, the finely sculpted body parts of different shapes and sizes) contrasts with the porcelain figure's total lack of either entertainment features or motion electronics.*

*Figurative representations of a mechanical, almost robot-like character are among the recurring elements in the work of British graphic artist and sculptor Eduardo Paolozzi. He has often been inspired by rapid technological progress as well as US sci-fi. The* Dog 2000 *figurine marks the beginning of a collaboration in the 1980s between Paolozzi and porcelain manufacturer Rosenthal. Only 50 copies were produced as part of the company's "studio-linie".* [AB]

| Dog 2000, Eduardo Paolozzi | 1983 |
|---|---|
| Rosenthal AG, Selb, GER | |

# PLAKATE

# POSTERS

Das früheste Plakat der Neuen Sammlung, das einen Roboter zeigt, stammt aus dem Jahr 1931. *Die 6 von der Staatsoper* war ein Ensemble von Solotänzern, die nach ihrer Kündigung bei der Berliner Staatsoper Unter den Linden unter diesem Namen auf Tournee gingen. Das Plakat greift die Idee eines Maschinenmenschen auf, um den avantgardistischen Charakter der Choreografien dieses Ensembles zu visualisieren. Das Konzept einer Maschine, die Menschengestalt hat, findet sich in Mythos, Kunst und Literatur schon seit der Antike. Zahlreiche Geschichten erzählen, wie künstliche Menschen geschaffen werden, vgl. etwa den Humunculus und den Golem im späten Mittelalter oder Mary Shelleys *Frankenstein* im 19. Jahrhundert. Immer oszillieren diese Wesen zwischen übermenschlicher Perfektion auf der einen Seite und mechanischer Beschränktheit, die zur Katastrophe führt, auf der anderen. Bei den *6 von der Staatsoper* dient der Roboter als Symbol einer dem Neuen verpflichteten Kunstform. Die Perfektion der Maschine schwingt dabei als Ideal der Tänzer mit.

Hingegen präsentieren die populären *Star Wars*-Filme einen tollpatschigen, unpraktischen Humanoiden C-3PO. Zwar ermöglicht er durch seine Übersetzungsfähigkeiten die Kommunikation, wo Menschen Sprachkenntnisse fehlen, doch ist er geistig wie körperlich wenig flexibel. Diese sehr menschlichen Grenzen des Möglichen entlocken seinen Gefährt*innen im Film öfter mal ein liebevolles Augenrollen und verweisen auf die Frage, wie menschenähnlich oder übermenschlich wir uns Roboter eigentlich wünschen.

Dem gegenüber stehen Darstellungen zukünftiger Technologien, die in ihrer Leistungsfähigkeit und teilweise auch Größe ein menschliches Maß um ein Vielfaches übertreffen. Die gewählte Ästhetik könnte dabei nicht unterschiedlicher sein. Das Plakat zu *Die Reisen des Herrn Kleks* vermittelt einen alltäglichen, nahezu romantischen Eindruck des friedlichen Reisens in der Zukunft, dessen Szene in das Licht einer rot leuchtenden Sonne getaucht ist und an irdische Sonnenuntergänge erinnert. *Robocop 2* zeigt hingegen Maschinen, die einen furchterregenden Eindruck machen.

Interessant ist auch der Umgang mit tatsächlich existierenden Robotern in der Plakatgestaltung. Am Beispiel des *aibo* lässt sich die Verarbeitung solcher Produkte im Grafikdesign exemplarisch vergleichen. Während das Werbeplakat von Sony für den *aibo* dadurch überrascht, dass es das eigentliche Produkt vergleichsweise klein darstellt, dient der Roboter dem Gestalter Shigeo Fukuda als zentrales Motiv und ironisches Sinnbild menschlichen Voyeurismus der Gegenwart in seinem Plakat zum 100. Todesjahr von Henri de Toulouse-Lautrec aus dem Jahre 2001. Auch die Semantik ist hier stark gegensätzlich. Im Plakat von Sony wird der real existierende *aibo* in einer nur im Digitalen umsetzbaren schwebenden Architektur verortet und damit als Objekt eines zukünftigen Lebens postuliert. Das Plakat zum 100-jährigen Todestag von Henri de Toulouse-Lautrec *Nouveau Salon des Cent* nutzt hingegen den Roboterhund, um mit einem ironischen Wimpernschlag darauf zu verweisen, dass trotz aller Technologie der Mensch mit seinen Lastern derselbe geblieben ist. Caroline Fuchs

*The earliest poster in Die Neue Sammlung collection to show a robot dates back to 1931.* "Die 6 von der Staatsoper" *was an ensemble of solo dancers who after being fired by Berliner Staatsoper Unter den Linden toured under that name. The poster takes up the idea of a machine-human to visualize the avant-garde character of the choreographies the ensemble performed. The concept of a machine that assumes human form has existed since Classical Antiquity in myths, art, and literature. Countless stories tell the tale of the creation of artificial humans, see for example the homunculus and the golem in late Medieval times or Mary Shelley's* Frankenstein *in the 19th century. These creatures are forever oscillating between superhuman perfection, on the one hand, and mechanical limitations that lead to a disaster, on the other. In the* 6 von der Staatsoper *poster the robot serves as the symbol of an art form dedicated to innovation. Here we can sense the notion that machine perfection may be an ideal for the dance(r)s.*

*By contrast, the popular* Star Wars *movies feature a clumsy, impractical humanoid called C-3PO. Although thanks to his linguistic prowess he enables communication between different species where humans lack the language skills, but intellectually and physically he is anything but flexible. These all too human limits to the possible prompts his companions on the screen now and then to roll their eyes in amicable exasperation, and alludes to the question of what exactly we would like robots who are human-like of superhuman to actually be like.*

*This contrasts with the representations of future technologies that by far surpass humans in terms of what they can achieve and in part by their very size. The aesthetic form chosen could hardly be more different. The poster for* The Travels of Mr Kleks *conveys an everyday, almost romantic impression of peaceful travel into the future, with the scene bathed in the light of a red glowing sun reminiscent of sunsets on Earth.* Robocop 2 *by contrast features machines that strike fear into the viewers' hearts.*

*Another interesting area is how real-life robots are integrated into poster designs. The different examples of* aibo *offer a great comparison of such products' use in graphic design. While the Sony poster advertising* aibo *surprisingly only presents the actual product on a relatively small scale, the robot is taken by designer Shigeo Fukuda as the central theme and becomes an ironic symbol of human voyeurism in the year 2001 in his poster marking the 100the anniversary of the death of Henri de Toulouse-Lautrec. The semantics used also differs strongly. The Sony poster locates the real* aibo *in an architecture that can only exist in the digital domain and thus postulates it as the object of a future life. By contrast, the poster marking the 100th anniversary of the death of Henri de Toulouse-Lautrec* Nouveau Salon des Cent *uses the robot dog so as to point with an ironic touch to the fact that for all the technologies, humans and their vices have remained the same.* Caroline Fuchs

| Die 6 von der Staatsoper | nach / past 1931 |
|---|---|
| Bergenholz, Kopenhagen / Copenhagen, DNK | |

| Star Wars | 1977 |
|---|---|
| Twentieth Century Fox Film, Los Angeles, USA | |

Die Reisen des Herrn Kleks (Путешествия пана Кляксы), B. Folomkin (Фоломкин) 1986
UdSSR / USSR

| Computers, Ken Parkhurst | c. 1986 |
|---|---|
| The California Museum of Science and Industry, Los Angeles, USA | |

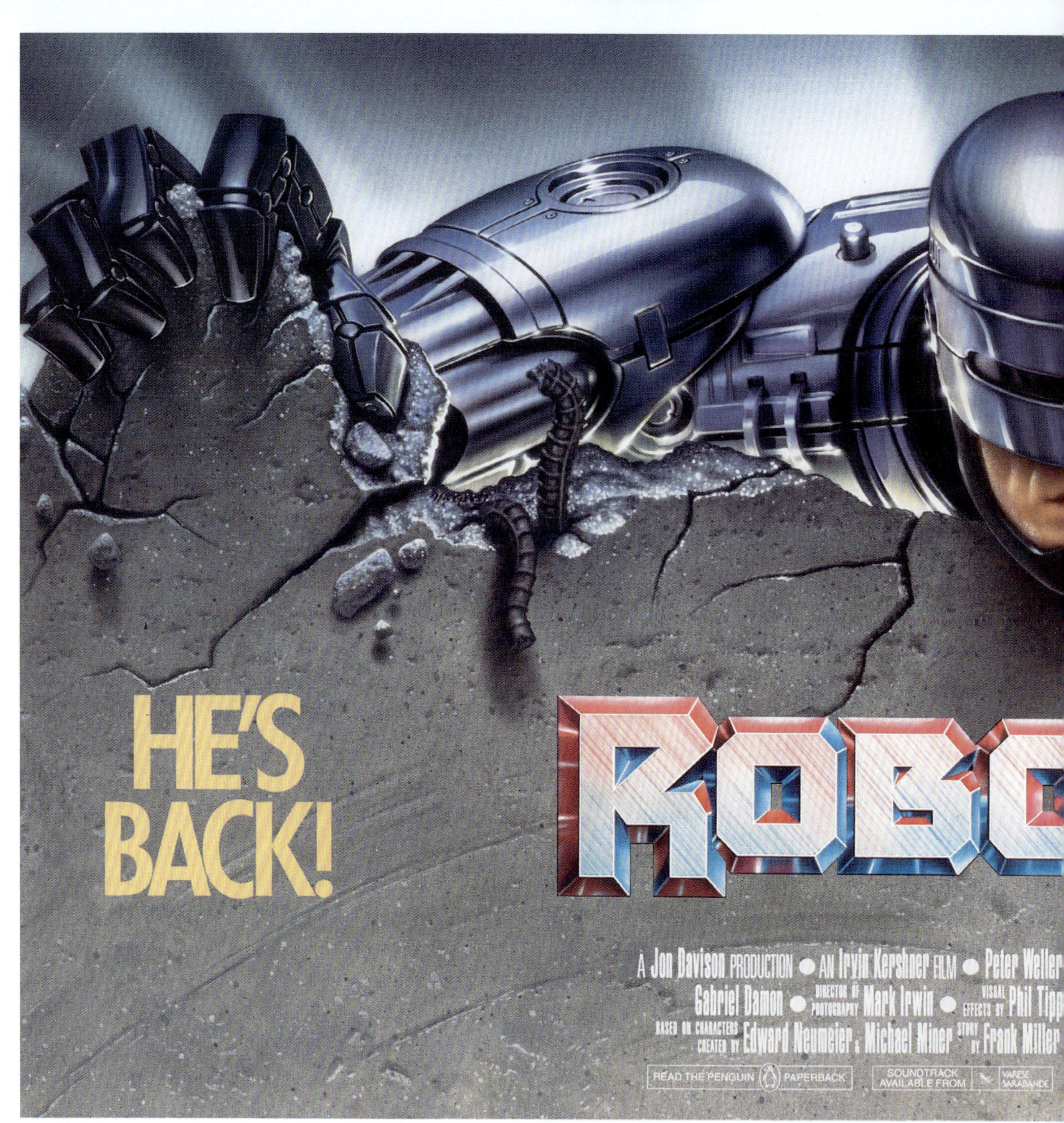


RoboCop 2

Orion Pictures, Los Angeles, USA

COP 2
18
"RoboCop 2" • Daniel O'Herlihy • Tom Noonan • Belinda Bauer
ottin • MUSIC BY Leonard Rosenman • EXECUTIVE PRODUCER Patrick Crowley
ler & Walon Green • PRODUCED BY Jon Davison • DIRECTED BY Irvin Kershner
nk Film Distributors
Colour By DeLuxe®
DOLBY STEREO
An ORION PICTURES Release
© 1990 Orion Pictures Corporation. All Rights Reserved.
RoboCop is a Trademark of Orion Pictures Corporation.
AT A
CINEMA
NEAR YOU FROM
OCTOBER 12

1990

| ADC, Takuya Onuki | 1995 |
|---|---|
| kyoto ggg gallery, Kyoto, JPN | |

## ADC

Dieses Plakat zeigt einen der beliebtesten Roboter-Charaktere in Japan: Gundam. Er wurde 1979 in der Anime-Serie *Mobile Suit Gundam* ins Leben gerufen. Seitdem haben ihn unzählige Manga- und Anime Erzählungen aufgegriffen, eine Modellbauserie namens *Gunpla* wurde aus ihm entwickelt, und er taucht als Referenz in Kinofilmen wie *Ready Player One* (2018) auf. Mehrere Statuen zeigen Gundam, unter anderem eine elf Meter hohe Figur in Tokio, die seit 2012 im Stadtteil Odaiba steht.

Statt der vielfarbigen, dreidimensionale Strukturen betonenden Zeichnung im Anime ist Gundam hier auf einen grauen Schattenriss auf rotem Grund reduziert, der ihn monumentaler wirken lässt. Das Plakat warb 1995 für die Jahresausstellung des Tokyo Art Directors Club (ADC), eines Berufsverbandes von leitenden Grafikdesigner*innen, der weltweit in lokalen Gruppen organisiert ist. Der Designer des Plakats, Takuya Onuki, nutzt die Figur des Gundam als Motiv, das für die Innovationskraft Japans steht und somit hier für die einheimischen Grafikdesigner wirbt, die in den 1990er-Jahren in Japan durch die Internationalisierung zunehmend die weltweite Konkurrenz zu spüren bekamen. CF

*This poster shows one of the most popular robot characters in Japan: Gundam. He first saw the light of day in 1979 in the anime series* Mobile Suit Gundam. *Since then innumerable manga and anime stories revolve around him, a Gunpla construction kit was developed based on him, and he appears as a reference in movies such as* Ready Player One *(2018). Several statues depict* Gundam, *among others one that is 11 meters high and stands since 2012 in Tokyo's Odaiba district.*

*Instead of the multicolored drawings used in the anime, which sought to emphasize the three-dimensional structures, here Gundam is reduced to the grey outline on a red ground that make it seem monumental. The poster advertised the 1995 annual exhibition of the Tokyo Art Directors Club (ADC), a professional association of leading graphic designers that is organized worldwide in local groups. The designer of the poster, Takuya Onuki, uses the figure of Gundam to highlight Japan's innovative prowess and thus to underscore the abilities of Japanese graphic designers who in the 1990s were due to internationalization increasingly feeling the brunt of world-wide competition.* CF

---

## AIBO

Das Werbeplakat besticht durch die Gestaltung des Bildraums und der Proportionen. Es bewirbt den *aibo ERS-210*, einen Roboter in Hundegestalt von SONY, der hier überraschend klein dargestellt ist. Er sitzt in der oberen Bildhälfte auf einem Sofa in einer schwebenden, architektonischen Umgebung, die sich mit vielen Treppen scheinbar unendlich in den Hintergrund fortsetzt. Die frei in den Raum gesetzten Architekturelemente erstrecken sich vor einem Hintergrund in Rot- und Gelbtönen, der an eine Tapete erinnert. Es wird der Eindruck einer nur im Digitalen möglichen Welt erzeugt, die sich den Gesetzen der Schwerkraft und der Statik widersetzt.

Typisch für den Plakatstil Kei Matsushitas sind die großen geometrischen Farbflächen. Architektonische Elemente, wie hier die Treppen, verleihen dem Plakat Räumlichkeit. MF

→ S. 50

*The design of the image space and the proportions ensure this advertising poster catches the eye. It advertises the* aibo ERS-210, *a dog-shaped robot created by SONY, which is surprisingly small in the representation here. It sits on a sofa in the upper half of the picture within a floating, architectural setting whose many staircases seem to extend endlessly into the background. The architectural elements, placed freely in the space, extend against a backdrop in shades of red and yellow reminiscent of wallpaper. The impression created is that of a world that is only possible in the digital realm, defying the laws of gravity and load-bearing structures.*

*One typical feature of Kei Matsushita's poster style: the large geometric color fields, such as the stairs here, lend the poster a sense of depth.* MF

→ *p. 50*

---

## NOUVEAU SALON DES CENT

Im Plakat *Nouveau Salon des Cent* vereinen sich Kunst und Design aus Vergangenheit und Gegenwart. Es entstand 2001 anlässlich des 100. Todestages von Henri de Toulouse-Lautrec. Als Hommage an den bekannten Franzosen entwarfen 100 weltweit führende Grafikkünstler*innen Plakate auf der Basis seiner Werke. Das hier gezeigte Poster designte der japanische Plakatkünstler Shigeo Fukuda. Es folgt zu großen Teilen dem Vorbild *Jane Avril. Jardins de Paris*, einem Plakat Toulouse-Lautrecs aus dem Jahr 1893. Während Fukuda die französische Tänzerin nach dem Vorbild des Originals tanzen lässt, platziert er einen zeitgemäßen *aibo ERS-111* an zentraler Stelle. Er schlägt damit eine Brücke zwischen historischen und gegenwärtigen Unterhaltungsformaten und verweist ironisch auf den Aspekt des Voyeurismus im elektronischen Zeitalter. AB → S. 51

*The* Nouveau Salon des Cent *poster combines art and design from the past and present. It was produced in 2001 to mark the 100th anniversary of the death of Henri de Toulouse-Lautrec. To that end, 100 of the world's leading graphic artists paid tribute to the famous Frenchman by designing posters based on his works. The example shown here was designed by Japanese poster artist Shigeo Fukuda and largely takes its cue from* Jane Avril. Jardins de Paris, *a poster Toulouse-Lautrec produced in 1893. While Fukuda shows the French dancer performing as she is in the original, he places a contemporary* aibo ERS-111 *in a central position. He thus builds a bridge between historical and contemporary entertainment formats and ironically references the aspect of voyeurism in the electronic age.* AB → *p. 51*

| faydherbe / de vringer "looking back into the future", Keizo Matsui, Ben Faydherbe, Wout De Vringer | 1997 |
|---|---|
| kyoto ggg gallery, Kyoto, JPN | |

| 8Ro Art & Ad Exhibition, Hachiro Suzuki | 1998 |
|---|---|
| Ginza Graphic Gallery, Tokio / Tokyo, JPN | |

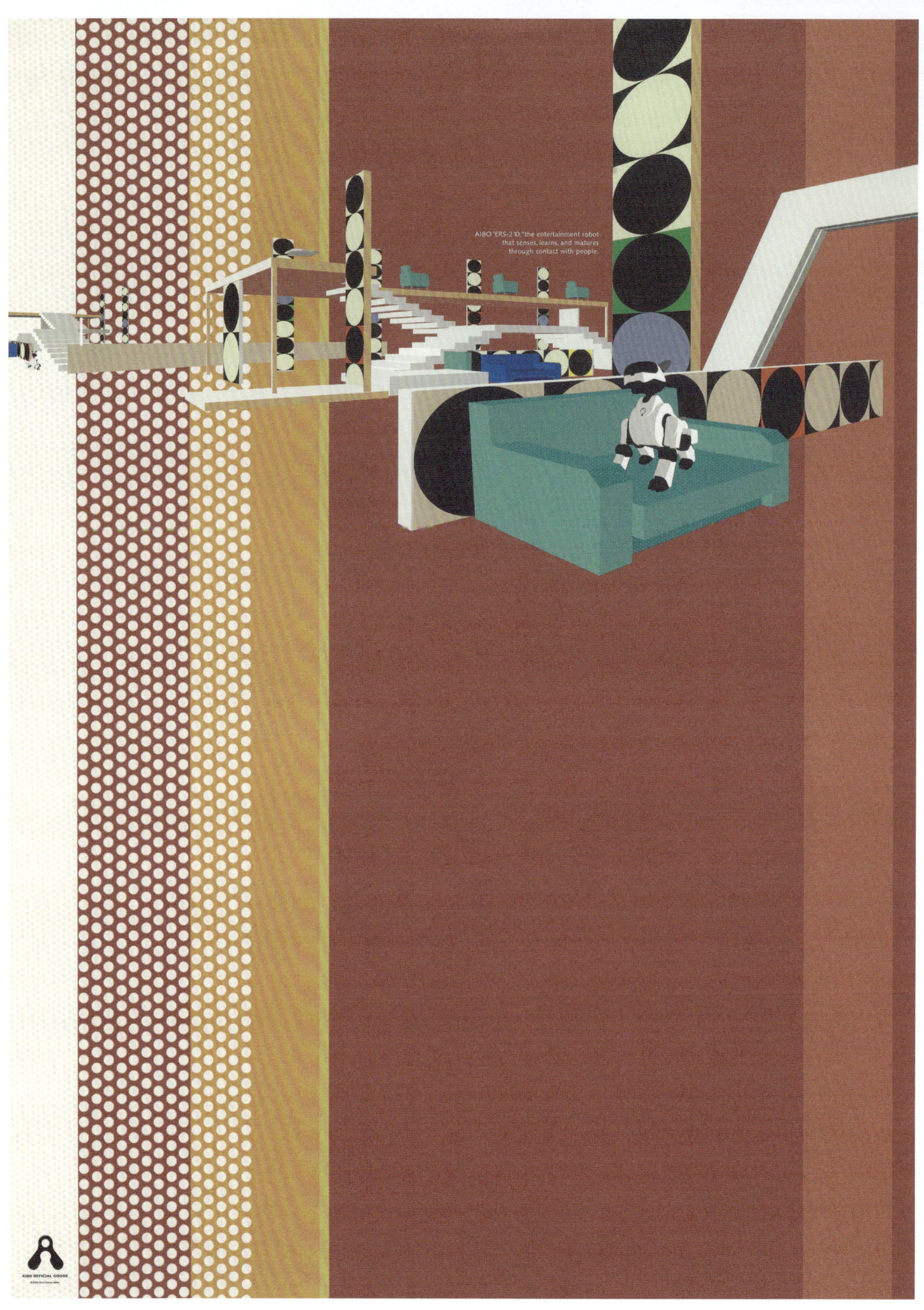


| aibo, Kei Matsushita | 2000 |
|---|---|
| Sony Creative Products, Tokio / Tokyo, JPN | |

| Nouveau Salon des Cent, Shigeo Fukuda | 2001 |
|---|---|
| Musée Toulouse-Lautrec, Albi, FRA | |

| Made in China, Xiao Hua | 2005 |
|---|---|
| Shenzhen, CHN | |

ggg (295)
Ian Anderson /
The Designers Republic
C(H—)ōme (+81 / 3)
February 04 — 28 (2011)
Ginza Graphic Gallery

Original Music by Autechre

ggg (295)
イアン·アンダーソン /
ザ·デザイナーズ·リパブリックが
トーキョーに帰ってきた。
2011年2月4日(金)–2月28日(月)
ギンザ·グラフィック·ギャラリー

オリジナルミュージック：オウテカ

| The Designers Republic, Ian Anderson – The Designers Republic | 2011 |
| --- | --- |
| Ginza Graphic Gallery, Tokio / Tokyo, JPN | |

SPIELZEUG

TOYS

Mit dem Start des *Sputnik*-Satelliten 1957 und dem ersten Menschen im All 1961 setzte eine internationale Weltraum- und Technikbegeisterung ein, die sich unter anderem auch in der Spielzeugproduktion niederschlug. Besonders in Japan entstand ab den 1960er-Jahren eine Vielzahl von Roboter- und Weltraumspielzeugen, die heute begehrte Sammlerstücke darstellen. Die Neue Sammlung konnte 2022 eine Gruppe von Figuren der 1960er- bis 1980er-Jahre aus dem Erbe des Galeristen und Kunsthändlers Carl Laszlo (1923–2013) erwerben und präsentiert sie nun zum ersten Mal der Öffentlichkeit.

An den gezeigten Beispielen lassen sich die Entwicklung und die verschiedenen Ausprägungen und Mischformen solcher Spielzeuge gut beobachten. In den 1960er- und 1970er-Jahren sind die Figuren in der Regel kleine aufziehbare Blechspielzeuge, die im Steindruckverfahren (Lithografie) bedruckt wurden. Sie haben meist kein direktes Vorbild in existierenden Erfindungen oder Erzählungen, sondern entspringen der Fantasie der Entwickler*innen. Meist handelt es sich um eckige Roboterfiguren, die einer Maschinenästhetik folgen, dabei oft aber auf zwei Beinen gehen. Im Inneren befindet sich ein Uhrenmechanismus, der die Figur in Bewegung setzt. In Noguchis *Mechanical Mighty Robot* bewegt dieser Mechanismus beispielsweise über zwei Räder die schaufelförmigen Füße und damit den Roboter nach vorne. In dieser Zeit entsteht auch die in Ungarn produzierte *Holdrakéta*, die über einen besonderen mechanischen Kniff verfügt: Beim Fahren gegen ein festes Hindernis wird ein Bewegungsablauf ausgelöst, bei dem sich die Rakete aufstellt und nach dem Öffnen einer Luke und Ausklappen einer Leiter ein Kosmonaut in der Rakete erscheint.

Ab den späten 1970er-Jahren werden diese rein mechanischen Metallspielzeuge zunehmend von Kunststofffiguren verdrängt. Nun entdecken auch große, international agierende Spielzeugunternehmen wie Mattel den Markt und produzieren besonders große, 60 cm hohe Spielfiguren wie *Shogun Goldorak* und *Shogun Raydeen*, die sich an populären japanischen Manga- und Anime-Serien der Zeit orientieren. Sie haben keine mechanischen oder elektronischen Mechanismen. In ihrer Ausstattung mit Rollschuhen, die nicht zu den Originalfiguren gehört, sind sie jedoch Zeugnis des in dieser Zeit aufkommenden Trends der Disco-Roller.

In den 1980er-Jahren beherrschen dann batteriebetriebene Kunststofffiguren den Markt der Roboterspielzeuge. Dadurch entstehen neue akustische und optische Möglichkeiten: War die Bewegung der Metallspielzeuge noch vom mechanischen Rasseln der Zahnräder begleitet, spielen die neuen Figuren auf Knopfdruck eingebaute Geräusche ab, leuchten und führen manchmal auch eine Auswahl von Bewegungen aus. In dieser Zeit tauchen auch neue Mischformen mit Tieren oder tierähnlichen Monstern auf, wie sie sich beispielsweise bei dem *Space Dinosaur* oder dem *Monster Robot of the Empire* beobachten lassen. Caroline Fuchs

*With the launch of the* Sputnik *satellite in 1957 and when four years later the first humans went into space, the world was seized by enthusiasm for outer space and technology, something that was also reflected in toy production. In particular in Japan from the 1960s onwards innumerable toys were made relating to robots and outer space; today, they are cherished collector's items. In 2022, Die Neue Sammlung was fortunate to acquire a group of toys dating from the 1960s thru the 1980s from the estate of gallerist and art dealer Carl Laszlo (1923–2013) and is now putting them on public display for the first time.*

*The exhibits on show have been chosen to highlight the trends and different shapes and hybrid forms of such toys. In the 1960s and 1970s, they were as a rule small wind-up tin toys with lithographic printing on the metal. Most of them were not directly based on an existing invention or story but were the product of the respective developer's imagination. Usually, the robot figures were chunky, following a machine aesthetic although they often stood on two legs. They tended to house a clockwork mechanism that drove their movements. In Noguchi's* Mechanical Mighty Robot*, for example, this mechanism relies on two cogs to drive scoop-like feet that propel the robot forwards. This was also the time when the* Holdrakéta *was made in Hungary. It boasts a very special mechanical feature: When it is bumped into a fixed obstacle a series of motions is triggered, with the rocket moving into an upright position, a flap opens in it, a ladder folds out, and a cosmonaut appears inside the rocket.*

*As of the late 1970s, these purely mechanical metal toys were replaced by figures made of plastic. And it was then that the major international toy companies such as Mattel recognized the market's potential and started producing especially large, 60cm-high toys such as* Shogun Goldorak *and* Shogun Raydeen*, which took their cue from popular Japanese manga and anime series of the day. These toys had no mechanical or electronic mechanisms. When equipped with roller skates, which the original figures did not have, they attest to the roller-skate discos that were trending back then.*

*In the 1980s, battery-driven plastic figures started to dominate the market for robot toys. This gave rise to new acoustic and visual options: While the movement of the metal toys was accompanied by the mechanical rattle of the clockwork cogs, the new figures emitted predefined noises at the press of a button, light up, and sometimes execute a selection of movements. This was the decade when new hybrid shapes evolved with animals or animal-like monsters, such as for example the* Space Dinosaur *or the* Monster Robot of the Empire. Caroline Fuchs

| Roboter / Robot | c. 1960er Jahre / 1960s |
|---|---|
| Toplay (T.P.S.) (Tokyo Plaything Shokai), Tokio / Tokyo, JPN | |

| Roboter / Robot | c. 1960er Jahre / 1960s |
|---|---|
| ES/KBB | |

| Mechanical Mighty Robot | c. 1964 |
|---|---|
| Noguchi Shoten, Tokio / Tokyo, JPN | |

| Mechanical Mighty Robot, | c. 1964 |
|---|---|
| Noguchi Shoten, Tokio / Tokyo, JPN | |

# MECHANICAL MISSILE ROBOT

Dieser humanoide Spielzeugroboter *Mechanical Missile Robot* wird mechanisch, mithilfe eines Aufziehmechanismus betrieben. Über einen Uhrwerkmechanismus und Zahnräder werden seine Füße kreisförmig angetrieben und die Figur bewegt sich nach vorne. Zusätzlich kann durch das Herunterdrücken eines Stiftes auf der Rückseite eine von zwei Raketen abgeschossen werden. Die schwarzen Spitzen auf den Raketen, welche bei gleichen Robotermodellen zu finden sind, fehlen bei diesem Stück. Ein quadratisches Feld aus rotem, durchsichtigem Plexiglas soll laut Verpackung einen Laser simulieren.

Typisch für die 1960er-Jahre sind die kubischen Formen, die das Roboterspielzeug kastenförmig aussehen lassen. Viele Modelle dieser Zeit haben eine ähnliche Formensprache. MF

*This humanoid* Mechanical Missile Robot *toy is operated mechanically and needs to be wound up. Its feet are driven in a rotating motion by a clockwork mechanism and cog-wheels, causing the figure to move forward. In addition, pressing down on a pin on its back triggers the launch of one of two rockets. In this example, there are no black tips such as are normally found on the rockets of these robot models. A square panel made of red, transparent Perspex is intended to simulate a laser, according to the packaging.*

*Typically for the 1960s, the toy robot consists of cubic shapes, giving it a box-like appearance. A lot of models from that time rely on a similar design language.* MF

| Mechanical Missile Robot | 1960er Jahre / 1960s |
|---|---|
| Toplay (T.P.S.) (Tokyo Plaything Shokai), Tokio / Tokyo, JPN | |

# ZERAK

Der Spielzeugroboter *Zerak* vom Planeten *Zero* ist Teil der Spielzeugreihe *Zeroids*. Er war eines von vier batteriebetriebenen Roboter-Modellen, die in den 1960er-Jahren produziert wurden. Beworben wurden sie als „powervolle, effiziente Automaten", die ihrem Meister „bei der Arbeit und beim Spiel" dienen sollten. Anders als die meisten Spielfiguren der Zeit steht dieses Modell auf einer Plattform und nicht auf zwei Füßen. In dieser Hinsicht ähnelt es der Mehrzahl humanoider Roboter aus den letzten Jahren.

In der Reihe der *Zeroids* existierten neben dem *Zerak* drei weitere Charaktere: *Zobor, Zintar* und *Zogg*. Jeder einzelne *Zeroid* hatte spezielle Fähigkeiten. *Zerak*, der blaue Zerstörer, besaß Haken als Hände, welche magnetisch waren und laut der Verpackung sogar ausgeworfen werden konnten. Auch die Verpackung war Teil des Spielerlebnisses. Wenn man die Figur anschaltete, während sie sich noch im Karton befand, stieß sie die Plastikhülle von sich und benutzte diese als Rampe, um aus dem Karton herauszufahren. MF

*The Zerak toy robot from the planet Zero is part of the* Zeroids *toy series and is one of four battery-powered robot models that came out in the 1960s. They were advertised as "efficient and powerful automatons" that would serve their masters "at work and play." Unlike most toys back then, this model stands on a platform and not on two feet, and in this respect it is similar to the majority of actual humanoid robots of recent years.*

*In addition to* Zerak, *the* Zeroid *series included three other characters:* Zobor, Zintar, *and* Zogg. *Each of the* Zeroids *had special abilities:* Zerak, *the blue destroyer, had hooks for hands, which were magnetic and could even be thrown, according to the packaging. The latter was itself also part of the experience: Turning on the figure while it was still in its box prompted it to push away the plastic cover and use it as a ramp to glide out of the box.* MF

| Zerak aus der Zeroids-Reihe / Zerak from the Zeroids series | 1967 |
|---|---|
| Ideal Toy, New York City, USA | |

Television Spaceman Robot 1959
Alps Shoji, Tokio / Tokyo JPN

Attacking Martian 1960er Jahre / 1960s
Horikawa Toy Industrial, Tokio / Tokyo, JPN

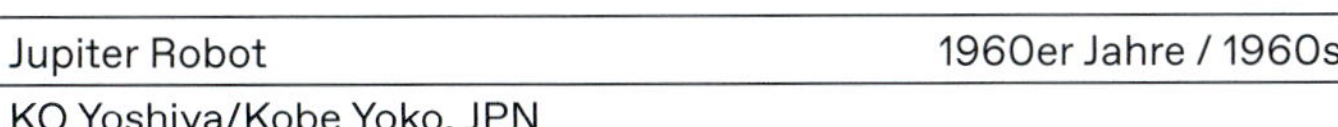

Jupiter Robot 1960er Jahre / 1960s
KO Yoshiya/Kobe Yoko, JPN

Rotate-O-Matic Super Astronaut 1969
Horikawa Toy Industrial, Tokio / Tokyo, JPN

| Gear Robot | 1960er Jahre / 1960s |
|---|---|
| Horikawa Toy Industrial, Tokio / Tokyo, JPN | |

| Robotank-Z | c. 1960er Jahre / 1960s |
|---|---|
| T.N Nomura, Tokio / Tokyo, JPN | |

| Excavator Robot | c. 1960er Jahre / 1960s |
| --- | --- |
| Horikawa Toy Industrial, Tokio / Tokyo, JPN | |

| Lula Len Space Robot | 1960er-1970er Jahre / 1960s-1970s |
|---|---|
| MorToys ?, Hongkong, Hong Kong, GBR | |

| Attacking Martian | 1972 |
|---|---|
| Horikawa Toy Industrial, Tokio / Tokyo, JPN | |

# APOLLO LUNAR MODULE

Mit dem verstärkten Interesse an der Raumfahrt und dem Beginn des Space Age veränderten sich in den 1960er-Jahren auch die Roboter. Immer mehr Roboter und Spielzeuge zum Thema „Eroberung des Weltraums“ wurden in dieser Zeit entworfen und verkauft.

Das *Apollo Lunar Module* kombiniert zwei Bewegungen miteinander. Mithilfe einer Schraube lässt sich das Raumschiff aufziehen, und es läuft vorwärts. Gleichzeitig dreht sich der Kunststoffteil der Raumstation.

Auffällig an dieser Spielfigur ist die Kombination eines Aufsatzes aus Kunststoff mit einem Laufgestell aus Metall. In der Verwendung dieser Materialien kündigen sich schon die 1970er-Jahre an, in denen Metall zunehmend durch Kunststoff ersetzt werden sollte. MF

*During the 1960s, the themes with which robots were associated started to change as interest in space travel grew and the Space Age gathered pace. An increasing number of the robots and toys designed and sold around this time centered on the theme of space exploration.*

*The* Apollo Lunar Module *combines two movements. With the help of a screw, the spaceship can be wound up and moves forward. At the same time, the plastic part of the space station rotates.*

*What is notable about this toy figure is the combination of a plastic top with a metal moving frame. The use of plastic in this model heralds the 1970s, which saw ever greater use of synthetics in place of metal.* MF

| Apollo Lunar Module | nach / past 1964 |
|---|---|
| Yone (Yoneya Toys), Tokio / Tokyo, JPN | |

# HOLDRAKÉTA

Diese ungarische Weltraumrakete stammt aus der Zeit des Weltraumwettlaufs der 1960er-Jahre. Sie erscheint wie ein Gegenstück zu ähnlichen US-amerikanischen NASA-Spielzeugraketen. Vollkommen aus Blech gebaut, änderte sie über die Jahrzehnte ihre Farbe und wurde von Weiß zu Silber und in den 1980er-Jahren zu Gold.

Schiebt man die Rakete an und die springfederartige Spitze trifft auf ein Hindernis, setzt sich ein raffinierter Mechanismus in Gang. Das Vorderrad löst sich vom Raketenkörper und die Rakete richtet sich langsam auf. Nachdem sie die Vertikale erreicht hat, öffnet sich die Kabinentür und eine Treppe wird ausgeklappt. Am oberen Treppenrand erscheint so ein Bild eines Kosmonauten im Raumanzug. MF

*This Hungarian space rocket dates back to the Space Race of the 1960s and appears to be the flip side of the similar NASA toy rockets from the US. Made entirely of sheet metal, it changed color in the course of the decades, turning from white to silver and, in the 1980s, to gold.*

*If you push the rocket and the spring-like tip hits an obstacle, an ingenious mechanism is set in motion. The front wheel pivots down from the body of the rocket and the rocket itself slowly straightens up. Once it is vertical, the cabin door opens and a staircase unfolds, at the top of which a picture of a cosmonaut in a spacesuit appears.* MF

Holdrakéta

Elzett Müvek, Budapest, HUN

1960er Jahre / 1960s

| Holdrakéta | 1960er Jahre / 1960s |
| --- | --- |
| Elzett Müvek, Budapest, HUN | |

| Spielzeugraumschiff / Toy flying saucer | c. 1960er Jahre / 1960s |
| --- | --- |
| Hongkong / Hong Kong, GBR | |

| Strolling Space Station | c. 1964 |
| --- | --- |
| Yone (Yoneya Toys), Tokio / Tokyo, JPN | |

| Space Explorer 11 | c. 1960er Jahre / 1960s |
| --- | --- |
| Takatoku Toys, JPN | |

| Space Ship X-5 | 1960er Jahre / 1960s |
|---|---|
| Masudaya Modern Toys, Tokio / Tokyo, JPN | |

| Universe Televiboat | c. 1960er Jahre / 1960s |
|---|---|
| CHN | |

| Universe Reconnaissance Boat | 1960er Jahre / 1960s |
|---|---|
| CHN | |

| Stars-Landing Tank | c. 1960er Jahre / 1960s |
|---|---|
| Shanghai, CHN | |

| Space Rocket Nike | 1966 |
|---|---|
| Masuya, JPN | |

| Fire Bird III |
| --- |
| Alps Shoji, Tokio / Tokyo, JPN |

| Moon Express | c. 1960er Jahre / 1960s |
| --- | --- |
| Toplay (T.P.S.) (Tokyo Plaything Shokai), Tokio / Tokyo, JPN | |

| King Flying Saucer – Space Patroler X-081 | c. 1960er Jahre / 1960s |
| --- | --- |
| KO Yoshiya/Kobe Yoko, JPN | |

| Double Decker Bus | c. 1960er Jahre / 1960s |
| --- | --- |
| CHN | |

| Interkozmosz | 1960er Jahre / 1960s |
| --- | --- |
| E. Flim Lemez, HUN | |

| Fire Rocket X – 0077 | 1960er Jahre / 1960s |
|---|---|
| Yonezawa Toys, Tokio / Tokyo, JPN | |

| Luna | c. 1960er Jahre / 1960s |
|---|---|
| UdSSR / USSR ? | |

| Apollo 15 | c. 1960er Jahre / 1960s |
|---|---|
| Yoshino KY, JPN | |

| U.S.A.F. -Gemini X-5 | c. 1960er Jahre / 1960s |
|---|---|
| Masudaya Modern Toys, Tokio / Tokyo, JPN | |

| Patrol Disk SD 15 | 1960er Jahre / 1960s |
|---|---|
| Kawahachi Toy, JPN | |

| mini-capsule |
|---|
| Masudaya Toy, JPN |

c. 1960er Jahre / 1960s

| Universe Car | c. 1960er Jahre / 1960s |
| --- | --- |
| CHN | |

| Space Tank | 1960er Jahre / 1960s |
| --- | --- |
| CHN | |

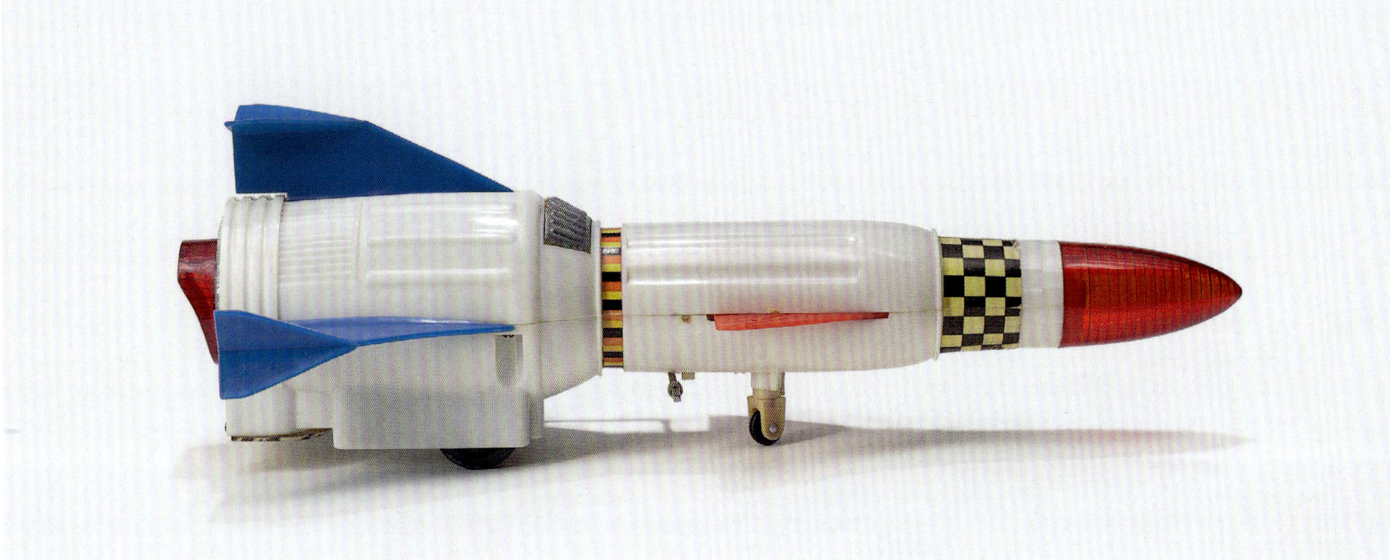

| No. 425 | c. 1960er Jahre / 1960s |
| --- | --- |
| T.N Nomura, Tokio / Tokyo, JPN | |

| Apollo-X Moon Challenger | c. 1969 |
| --- | --- |
| T.N Nomura, Tokio / Tokyo, JPN | |

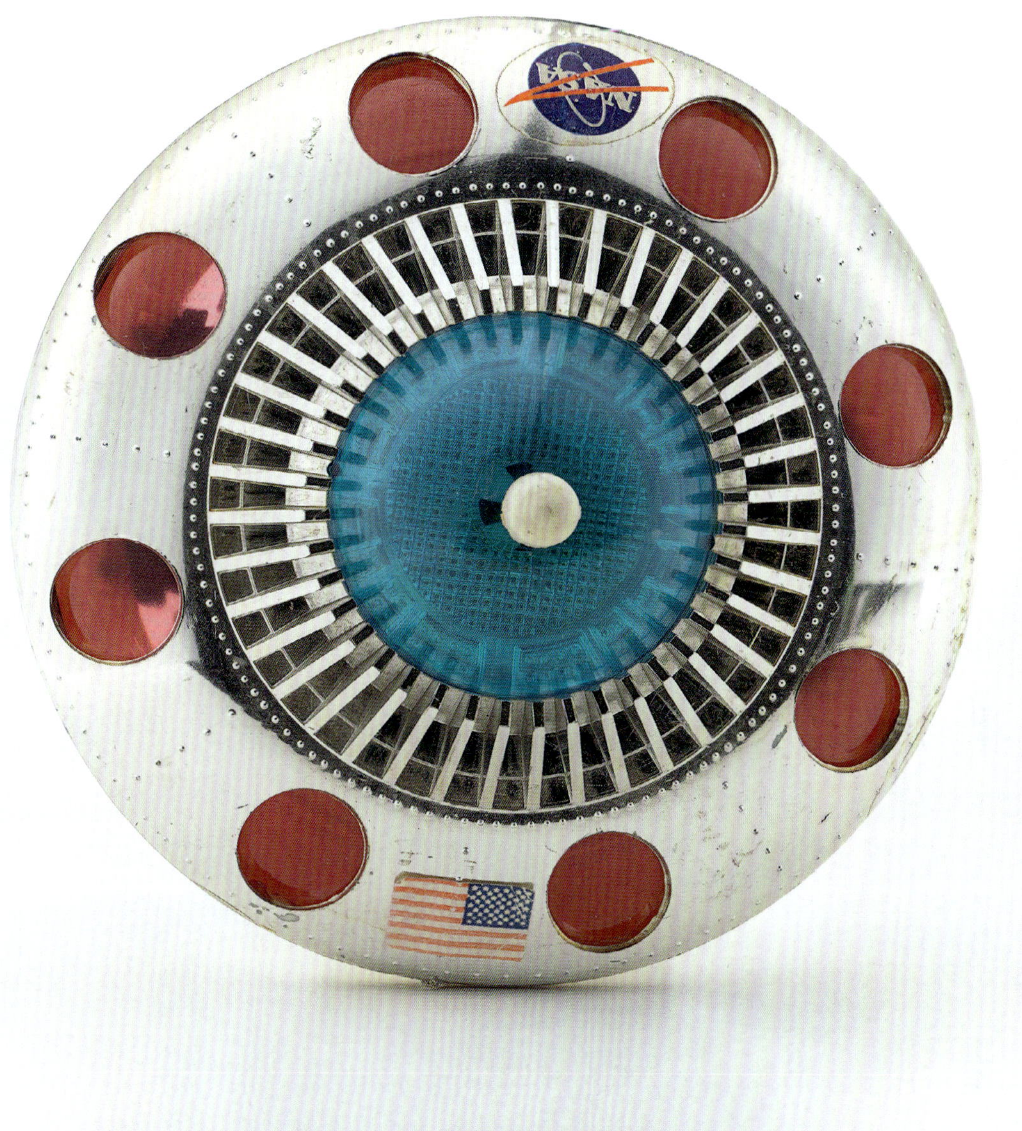

| Spielzeugraumschiff / Space saucer | c. 1960er Jahre / 1960s |
|---|---|
| Hongkong / Hong Kong, GBR | |

| Space Ship DB-2 | 1970er Jahre / 1970s |
|---|---|
| Kader Industrial Company, Hongkong / Hong Kong, GBR | |

| Spielzeugraumschiff / Toy space saucer | c. 1960er Jahre / 1960s |
|---|---|
| KO Yoshiya / Kobe Yoko, Tokio / Tokyo, JPN | |

| Space Monster | 1970er Jahre / 1970s |
| --- | --- |
| Potex Toys Manufacturer, Hongkong / Hong Kong, GBR | |

| Piston Robot | 1970er Jahre / 1970s |
|---|---|
| Horikawa Toy Industrial, Tokio / Tokyo, JPN | |

| Star Robot | 1970er Jahre / 1970s |
|---|---|
| Horikawa Toy Industrial, Tokio / Tokyo, JPN | |

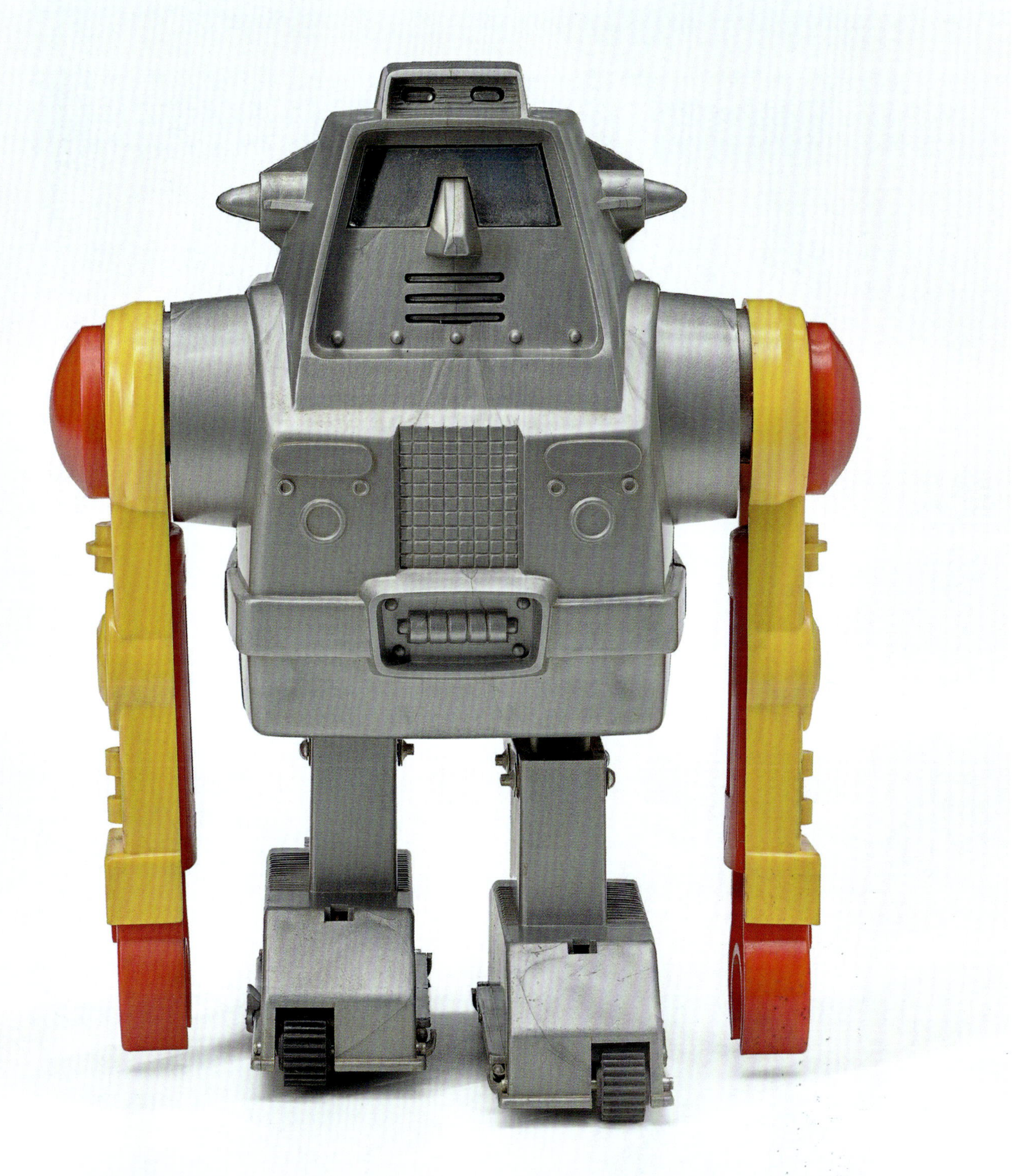

| Karate Robot | 1970er Jahre / 1970s |
| --- | --- |
| Tomy, JPN | |

Karate Robot — 1970er Jahre / 1970s
Tomy, JPN

Space Explorer — 1970
Horikawa Toy Industrial, Tokio / Tokyo, JPN

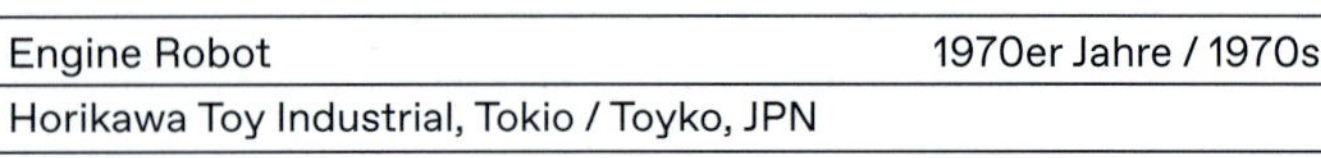

Engine Robot — 1970er Jahre / 1970s
Horikawa Toy Industrial, Tokio / Toyko, JPN

Radar Robot — 1972
Horikawa Toy Industrial, Tokio / Tokyo, JPN

| Robotino | c. 1970er Jahre / 1970s |
|---|---|
| J. Saludes (JEFE), Valencia, ESP | |

no. 2007 c. 1970er Jahre / 1970s
Hongkong / Hong Kong, GBR

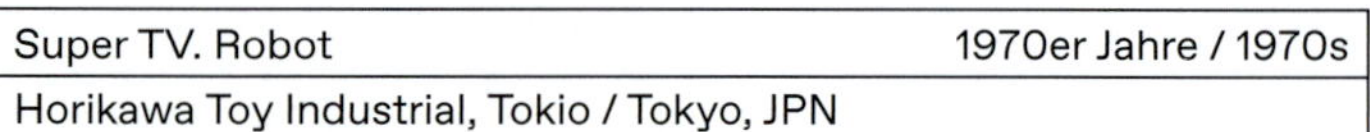
Super TV. Robot 1970er Jahre / 1970s
Horikawa Toy Industrial, Tokio / Tokyo, JPN

Spielzeugroboter / Toy robot c. 1970er Jahre / 1970s
Toy Hero, JPN

Spielzeugroboter / Toy robot c. 1970er Jahre / 1970s
JPN

| The Laughing Robot | 1970er Jahre / 1970s |
| --- | --- |
| Yonezawa Toys, Tokio / Tokyo, JPN | |

| Krome Dome | c. 1970er Jahre / 1970s |
|---|---|
| Mego Corporation, New York City, USA | |

Space Ranger 1970er Jahre / 1970s
Junior Toy, Tokio / Tokyo, JPN

Talking Robot 1970er Jahre / 1970s
Kingsway Toy, Hongkong / Hong Kong, GBR

Star Command I-M-1 Starroid 1977
Caprice Products, New York City, USA

Star Command I-M-1 Starroid 1977
Caprice Products, New York City, USA

Shogun Goldorak 1978
Mattel, El Segundo, USA

# SHOGUN GOLDORAK, SHOGUN RAYDEEN

*Raydeen* und *Goldorak* sind Actionfiguren der Spielzeugreihe *Shogun Warriors*, die Mattel zwischen 1976 und 1980 auf dem amerikanischen, asiatischen und europäischen Markt in unterschiedlichen Ausführungen vertrieb. Beide zählen zur Gruppe der insgesamt sieben Jumbo-Figuren mit einer Höhe von 60 cm. Sie basieren auf den Vorbildern gleichnamiger Roboter aus japanischen Mangas bzw. Mecha Animes, in der Menschen riesige, häufig humanoid erscheinende Roboter steuern.

*Raydeen* entstammt der japanischen Serie *Reideen, the Brave*. Die Figur ist mit Raketen und einem sichelförmigen Eisenschneider ausgestattet.

Die Figur *Goldorak* (auch *Grendizer*) beruht auf dem japanischen Manga *UFO Robot Grendizer* und wurde ausschließlich in Europa vertrieben. Bewegliche Arme mit Steckvorrichtungen ermöglichen den Angriff mit zwei Äxten, die zu einer Waffe zusammengesetzt werden können. Zudem ist es dem Shogun möglich, seine Gegner mittels Raketen zu attackieren.

Je zwei Doppelrollen unter den Füßen sorgen für eine dynamische Fortbewegung der Figuren. Ihre Bezeichnung als Shogune orientiert sich an dem in Japan vom späten 12. bis in die zweite Hälfte des 19. Jahrhunderts üblichen Titel für Militärherrscher. AB

Raydeen *and* Goldorak *are action figures from the* Shogun Warriors *toy range, which Mattel sold in various versions on the American, Asian, and European markets between 1976 and 1980. Both figures belong to the group of seven jumbo figures, which boast a height of 60 cm. They are based on robots of the same name from Japanese manga and mecha anime, in which humans control giant, often humanoid-like robots.*

Raydeen *comes from the Japanese series* Reideen, the Brave. *The figure is equipped with rockets and a sickle-shaped iron cutter.*

*The* Goldorak *character (also known as* Grendizer*) is based on the Japanese manga* UFO Robot Grendizer *and was distributed exclusively in Europe. Movable arms with connectors allow the figure to attack with two axes that can be joined together to form another weapon, and the shogun is also able to attack opponents with rockets.*

*Two double castors under the feet of each figure mean the shoguns can move dynamically. The name "shogun" originally applied to the military governors who ruled Japan from the late 12th century until the second half of the 19th century.* AB

| Shogun Raydeen | 1976 |
|---|---|
| Mattel, El Segundo, USA | |

| Myrobo | c. 1976 |
|---|---|
| Yonezawa Toys, Tokio / Tokyo, JPN | |

| Robot 2500 | 1976 |
|---|---|
| Durham Industries, New York City, USA | |

| The Attacker | c. 1978 |
| --- | --- |
| Junior Toy, Tokio / Tokyo, JPN | |

Lunar Transport 1970
Masudaya Modern Toys, Tokio / Tokyo, JPN

Apollo Saturn Moon Rocket c. 1970
T.N Nomura, Tokio / Tokyo, JPN

Fly to the Moon (ohne / without space capsule) c. 1970er Jahre /1970s
Yonezawa Toys, Tokio / Tokyo, JPN

UFO X05 1978
Masudaya Modern Toys, Tokio / Tokyo, JPN

| Light Control Space Ship | c. 1970er Jahre / 1970s |
|---|---|
| Alps Shoji, Tokio / Tokyo, JPN | |

| Space Capsule | c. 1970er Jahre / 1970s |
|---|---|
| Horikawa Toy Industrial, Tokio / Tokyo, JPN | |

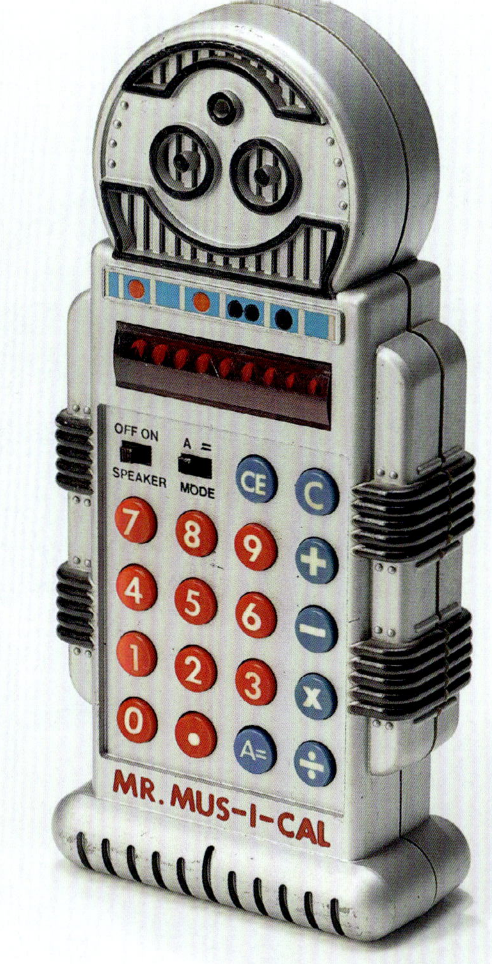


| Mr. Mus-i-cal | 1979 |
|---|---|
| Concept 2000, Hongkong / Hong Kong, GBR | |

| Mercury X-1 | c. 1970er Jahre / 1970s |
|---|---|
| Mego Corporation, New York City, USA | |

| Aqua Star Air-Sub AM Band Radio | 1977 |
|---|---|
| Caprice Products, New York City, USA | |

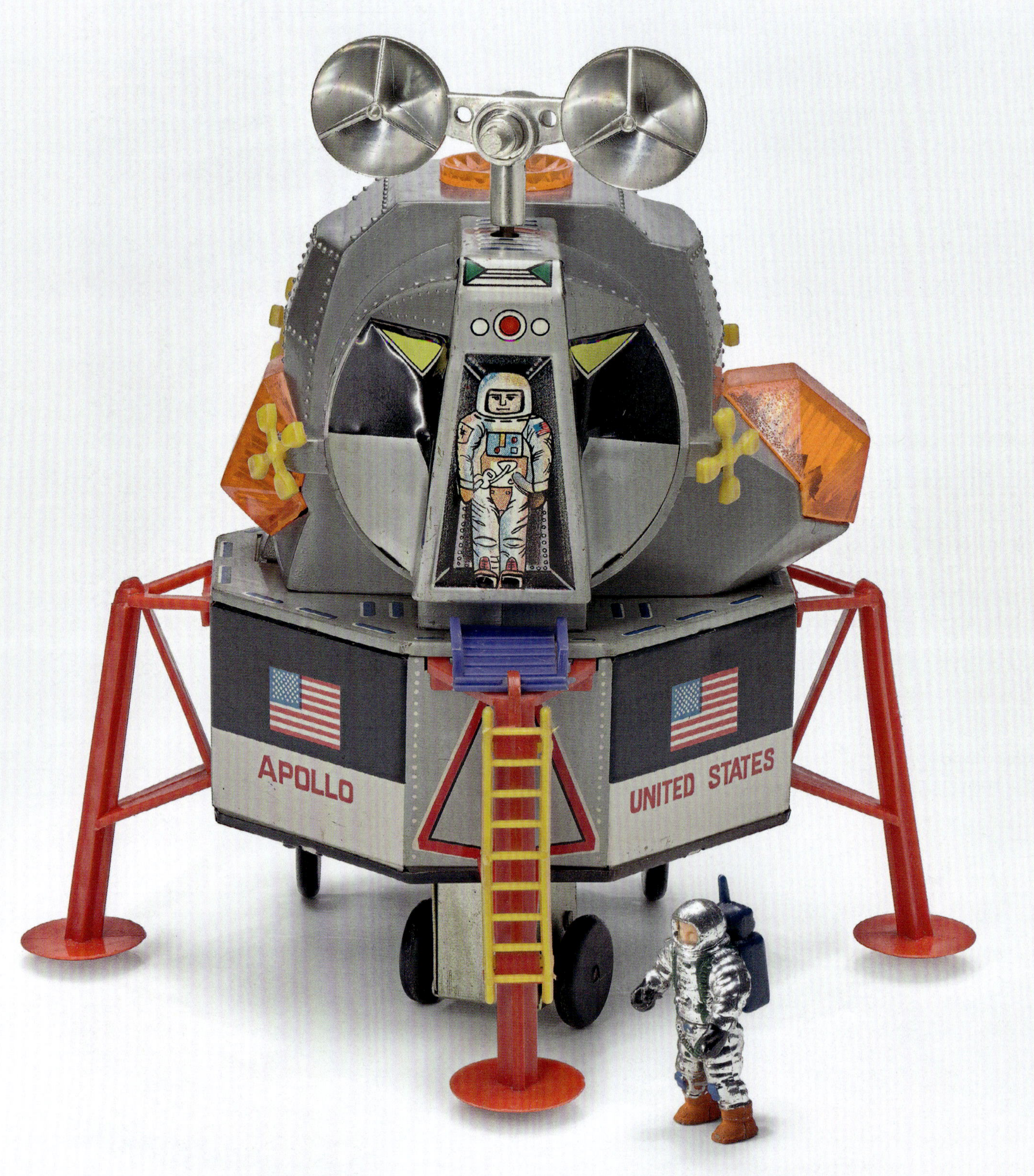


| Apollo Lunar Module | c. 1970er Jahre / 1970s |
| --- | --- |
| Daishin Kogyo, Tokio / Tokyo, JPN | |

Monster Robot of the Empire 1985 ?
Mike Toys, TWN

Magnatron MT-2 1986
New Bright Industrial, Wixom, USA

Cosmos Robot 1980er Jahre / 1980s
Kamco, Hongkong / Hong Kong, GBR

Star Roto Robot 1985
Son Ai Toys, TWN

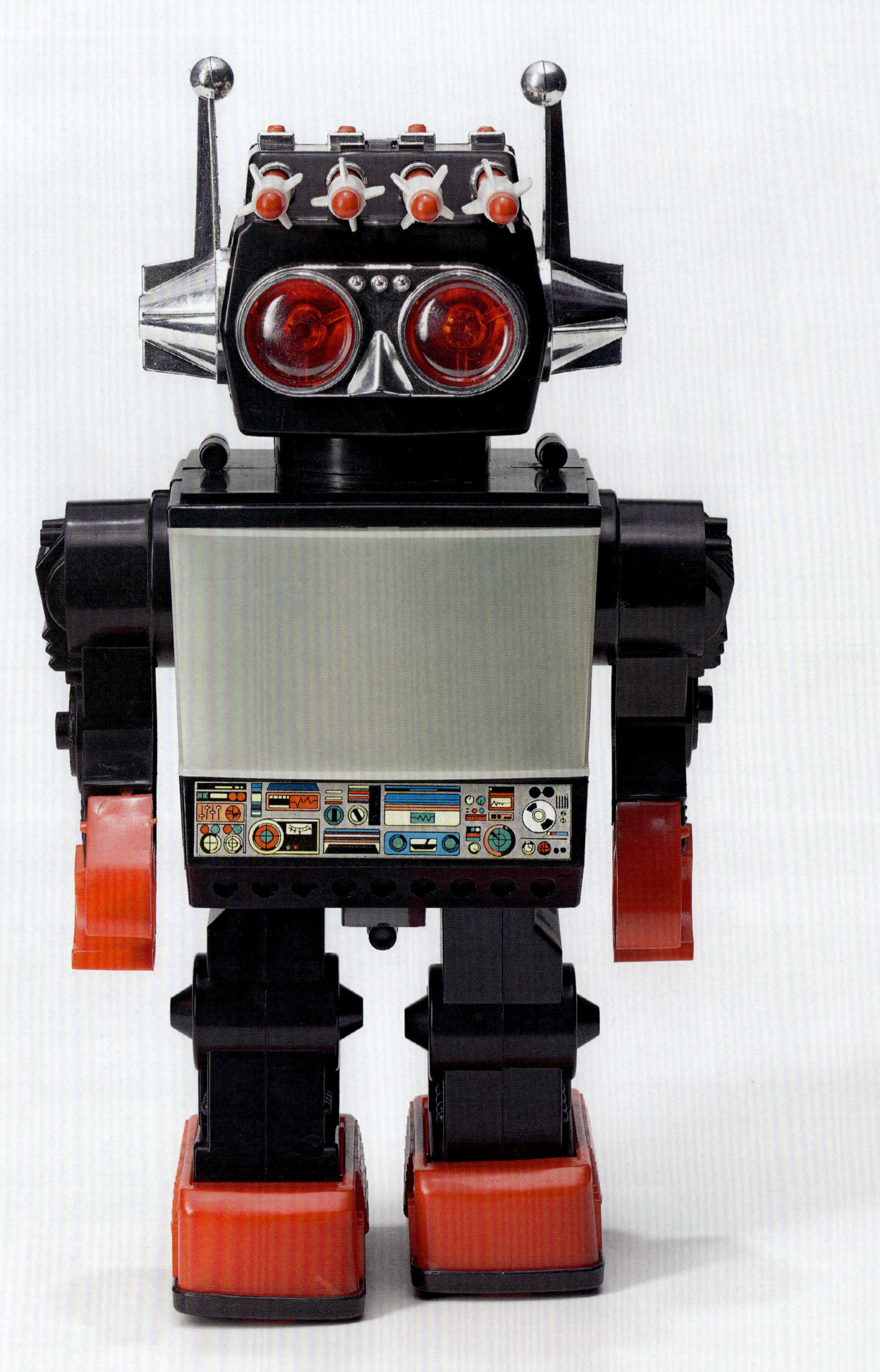

| Saturn Robot | 1980er Jahre / 1980s |
|---|---|
| Kamco, Hongkong / Hong Kong, GBR | |

Mighty Robot/Bumping Robot — c. 1980er Jahre / 1980s
CHN

Monster Robot — 1980er Jahre / 1980s
Horikawa Toy Industrial, Tokio / Tokyo, JPN

Fancy Spaceman — 1980er Jahre / 1980s
Chuan-Shin Toys, TWN

Forcebot 3366 — 1985
Tai Way (Shing Kee) Toys, Hongkong / Hong Kong, GBR

| Magic Mike | c. 1984 |
|---|---|
| New Bright Industrial, Wixom, USA | |

| Magic Mike II | 1984 |
|---|---|
| New Bright Industrial, Wixom, USA | |

| Robbie Robot | 1983 |
|---|---|
| Supertoys Industrial, Honkong / Hong Kong, GBR | |

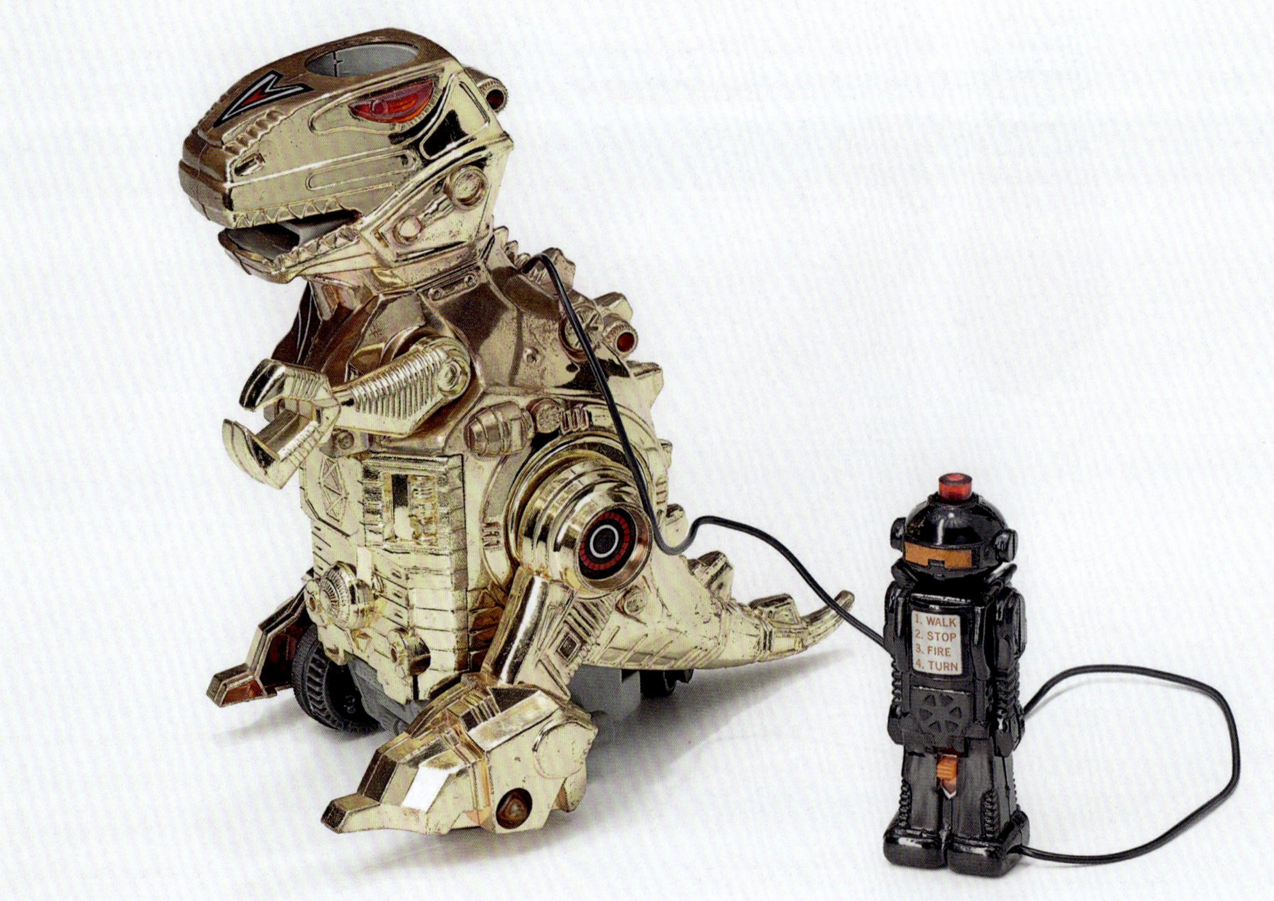


| Space Dinosaur | c. 1984 |
|---|---|
| TWN | |

| Galaxy Commander II | 1980er Jahre / 1980s |
|---|---|
| Silverlit Toys Manufactory, Hongkong / Hong Kong, GBR | |

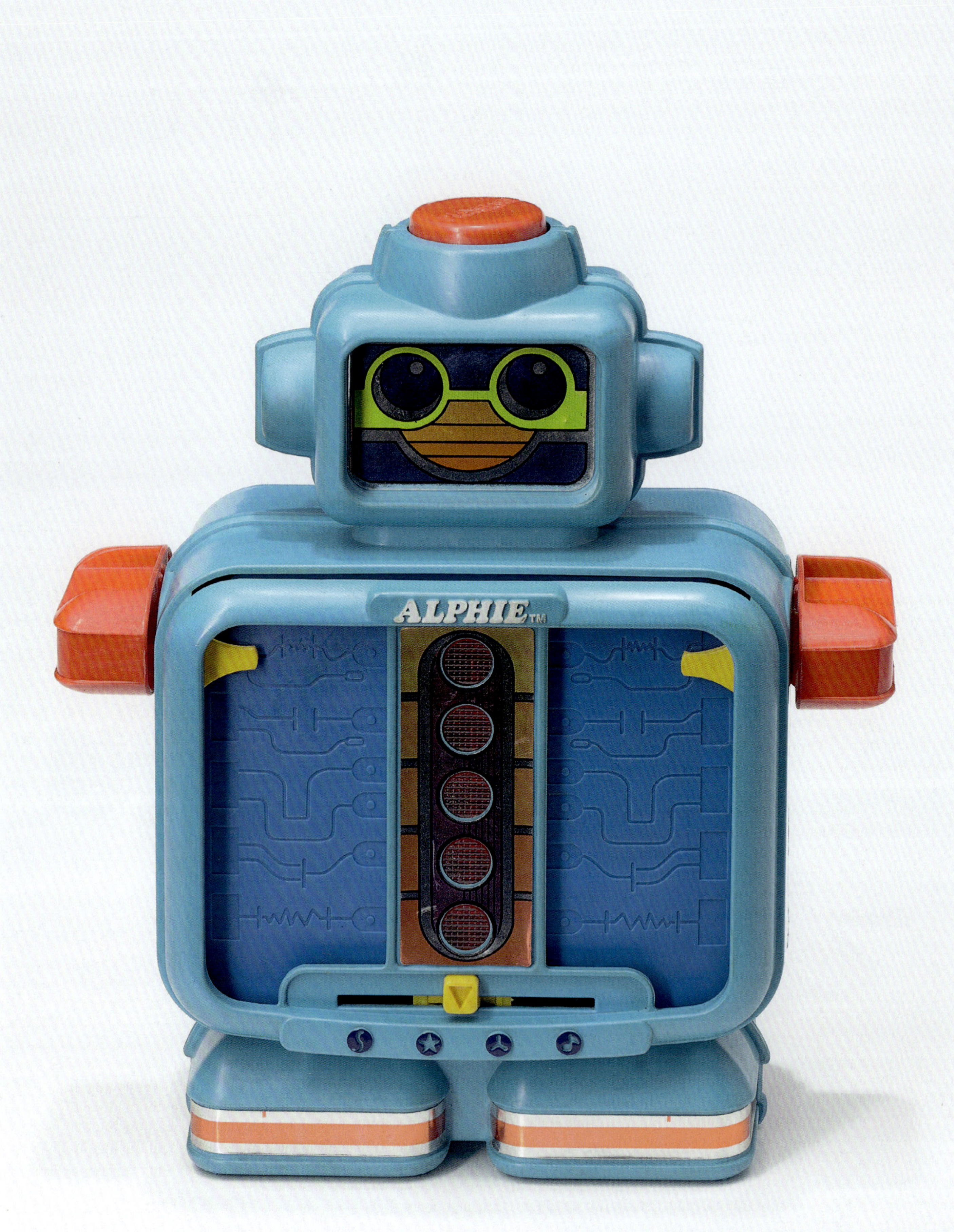


| Alphie | 1980er Jahre / 1980s |
|---|---|
| Playskool, Chicago, USA | |

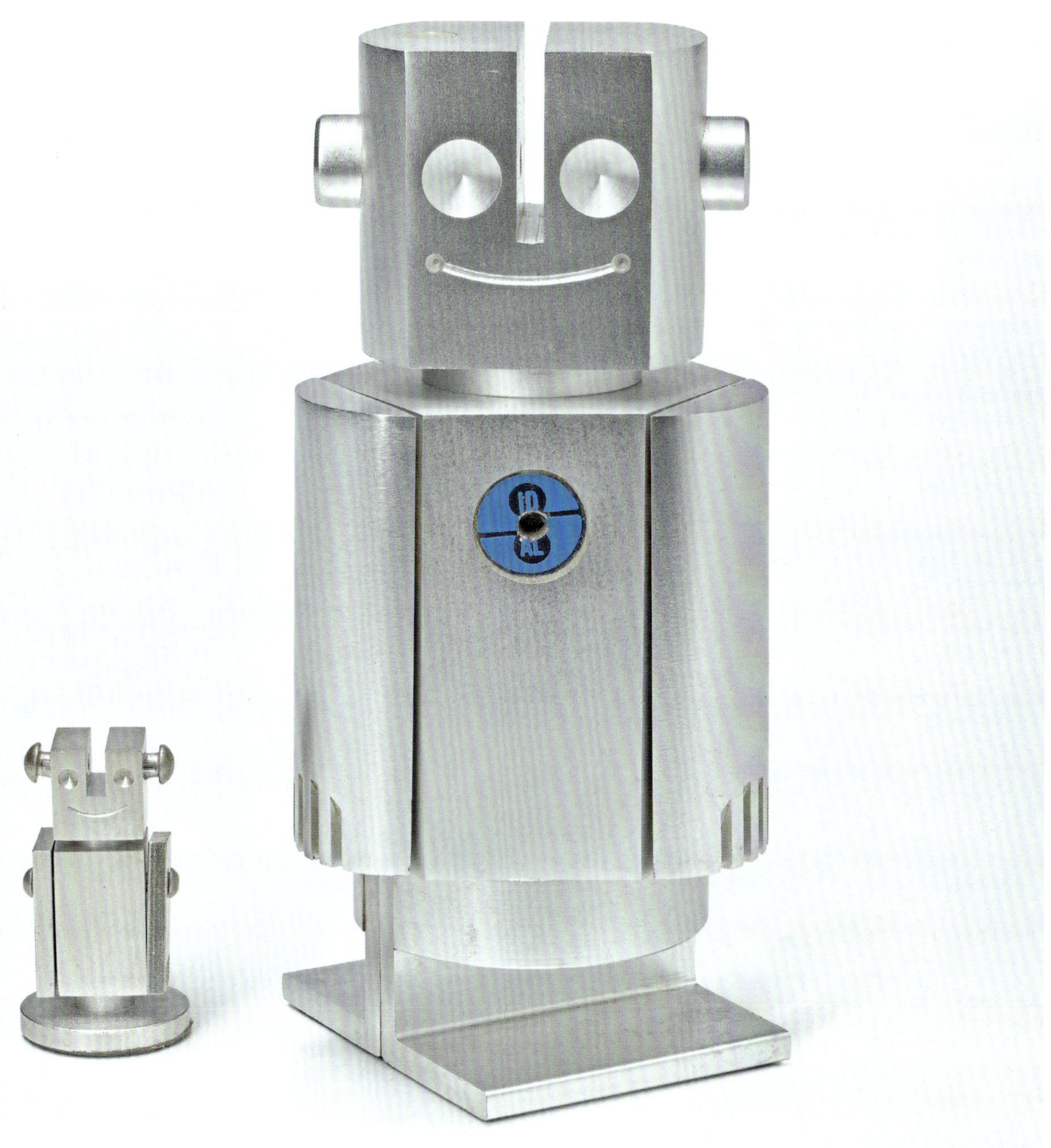

# SIDAL

Dieser Roboter war ein Werbegeschenk der belgischen Firma *Sidal*, welche sich auf die Verarbeitung von Aluminium und den Verkauf von Halbfertigwaren aus Aluminium spezialisiert hatte. Er zeigt die unterschiedlichsten Schliff- und Fräsmethoden sowie die verschiedenen Formen, die das Unternehmen in dieser Zeit produzierte. So zeugen die länglichen Vertiefungen oder Nuten davon, dass eine sogenannten Profilfräse verwendet wurde. Dagegen wurde die matte Oberfläche des Werbegeschenks mit einer Schleifmaschine angeraut. Die Figur ist bewusst simpel gehalten, um genau diese Merkmale der Bearbeitung herauszustellen. Ihre aus geometrischen Einzelteilen bestehende Form erinnert an frühe Roboterfiguren der 1940er-Jahre, auch wenn sie nach 1989 entstanden ist. MF

*This robot was a promotional gift from the Belgian company* Sidal, *which specialized in processing aluminum and the sale of semi-finished aluminum products. It shows the company's various cutting and milling methods as well as the different molds that the company produced during this period. For example, the elongated indentations or grooves attest to the fact that a profile cutter was used, while the satin surface of the promotional gift was roughened using a grinding machine. The figure is deliberately kept plain to emphasize precisely these features of the simplified form. Its shape, consisting of individual geometric parts, is reminiscent of early robot figures from the 1940s, but it was actually made some time after 1989.* MF

| Sidal | nach / past 1989 |
|---|---|
| Société Industrielle de l'Aluminium N.V., BEL | |

# IMPRESSUM / IMPRINT

Diese Publikation erscheint anlässlich der Ausstellung / *This publication is being released to coincide with the exhibition* „ROBOTIC WORLDS", Die Neue Sammlung – The Design Museum, Pinakothek der Moderne, München, 28.11.2025 – 28.11.2027



**Herausgeberin / *Editor***
Angelika Nollert, Die Neue Sammlung – The Design Museum

**Konzept / *Concept***
Caroline Fuchs, Angelika Nollert

**Redaktion / *Editorial***
Caroline Fuchs

**Mitarbeit / *Assistance***
Alexander Brockhoff, Max Fahrig, Julia Maier

**Autor*innen / *Authors***
Alexander Brockhoff, Max Fahrig, Caroline Fuchs, Julio Rogelio Guadarrama Olvera, Julia Maier, Angelika Nollert, Axel Thallemer

**Gestaltung / *Graphic Design***
Selitsch Weig, Büro für grafische Gestaltung

**Lektorat / *Copy editing***
Andrea Schaller, Polina Gedova, Oliver Krug

**Übersetzung / *Translation***
Jeremy Gaines

**Fotografie / *Photography***
Kai Mewes, Jasmin Minne

**Bildbearbeitung / *Lithography***
Joseph Sappler

**Bildrecherche / *Image Research***
Michaela Klaube

**Druckerei / *Printing***
LÖSCH GmbH & Co. KG, Stuttgart

Verlag der Buchhandlung
Walther und Franz König
Ehrenstraße 4
D-50672 Köln
Tel.: +49 (0) 221 2 05 96-53
Fax: +49 (0) 221 2 05 96-60
verlag@buchhandlung-walther-koenig.de

Bibliografische Information der Deutschen Nationalbibliothek: Die Deutsche Nationalbibliothek verzeichnet diese Publikation in der Deutschen Nationalbibliografie; detaillierte bibliografische Daten sind über http://dnb.d-nb.de abrufbar.
*Bibliographic information published by the Deutsche Nationalbibliothek: The Deutsche Nationalbibliothek lists this publication in the Deutsche Nationalbibliografie; detailed bibliographic data are available in the Internet at http://dnb.d-nb.de.*

**Vertrieb / *Distribution***

**Germany, Austria, Switzerland / Europe**
**Buchhandlung Walther König**
Ehrenstraße 4
D-50672 Köln
Tel.: +49 (0) 221 2 05 96-53
Fax: +49 (0) 221 2 05 96-60
verlag@buchhandlung-walther-koenig.de

**UK & Ireland**
**Art Data**
12 Bell Industrial Estate
50 Cunnington Street
London W4 5HB
United Kingdom
T +44 (0) 208 747 10 61
F +44 (0) 208 742 23 19
orders@artdata.co.uk

**France**
**Interart**
19 rue Charles Auray
93500 Pantin
T: +33 (0) 1 43 49 36 60
info@interart.fr

**Outside Europe**
**D.A.P. / Distributed Art Publishers, Inc.**
75 Broad Street, Suite 630
USA - New York, NY 10004
Fon +1 (0) 212 627 1999
orders@dapinc.com

ISBN: 978-3-7533-0955-2

Eine Ausstellung der Neuen Sammlung – The Design Museum
*An exhibition of Die Neue Sammlung – The Design Museum*

**Kurator*innen / *Curators***
Gordon Cheng, Caroline Fuchs, Angelika Nollert

**In Kooperation mit / *In Cooperation with***
Gordon Cheng, Lehrstuhl für Kognitive Systeme, Technische Universität München / Institute of Cognitive Systems at the Technical University of Munich

**Technische Beratung / *Technical advice***
Katharina Stadler, Lehrstuhl für Kognitive Systeme, Technische Universität München / Institute of Cognitive Systems at the Technical University of Munich

**Mitarbeit / *Assistance***
Alexander Brockhoff, Max Fahrig, Julia Maier

**Ausstellungsgestaltung / *Exhibition architecture***
OHA (Office Heinzelmann Ayadi)

**Registrar**
Waltraud Wiedenbauer

**Restauratorische Betreuung / *Conservation department***
Tim Bechthold, Julia Demeter, Sophie Heinig, Zoë Herlinger, Christian Huber

**Museumstechnik / *Technical department***
Michael Daume, Cornelius von Heyking, Florian Westphal

**Presse und Öffentlichkeitsarbeit / *Press and public relations***
Tine Nehler, Anika Koller

**Digitale Kommunikation/ *Digital Communication*, Pinakothek der Moderne**
Sonja Nakagawa

**Online-Redaktion / *Online Editorial***
Alexander Brockhoff, Andrea Czermak, Rainer Schmitzberger

**Bildung und Vermittlung / *Education and Learning***
Ulrich Ball, Pia Löwenstein, Stephanie Waldschmidt

**Unterstützt von / *Supported by***

**Bildnachweise / *Image credits***
Alle abgebildeten Objekte stammen aus den Beständen der Neuen Sammlung mit Ausnahme folgender Leihgaben:
*All objects shown are part of the collection of Die Neue Sammlung, with the exception of the following loans:*
S. / p. 8–13, 16–17: Leihgabe von / *Loan from* Gordon Cheng, Lehrstuhl für Kognitive Systeme, Technische Universität München / *Institute of Cognitive Systems at the Technical University of Munich*
S. / p. 14–15: Leihgabe von / Loan from Centre national de la recherche scientifique, Paris

**Alle Fotografien / *All photographs***
Die Neue Sammlung – The Design Museum (K. Mewes, J. Minne)



Die Angaben wurden nach bestem Wissen und Gewissen erstellt. Sollten dennoch Fehler vorhanden sein, bitten wir um Benachrichtigung. / *All information is given to the best of our knowledge. However, should there be any errors, please notify us.*